ANNALES DE L'UNIVERSITÉ DE LYON

TOME DEUXIÈME

(Fascicule 3e)

ANNALES DE L'UNIVERSITÉ DE LYON

TOME DEUXIÈME — 3e FASCICULE

SUR LE

PNEUMOGASTRIQUE DES OISEAUX

PAR

E. COUVREUR

LICENCIÉ ÈS SCIENCES PHYSIQUES

DOCTEUR ÈS SCIENCES

CHEF DES TRAVAUX DE PHYSIOLOGIE A LA FACULTÉ DES SCIENCES DE LYON

Trois planches hors texte et graphiques dans le texte

PARIS

G. MASSON, ÉDITEUR

LIBRAIRE DE L'ACADÉMIE DE MÉDECINE

120, boulevard Saint-Germain

1892

PNEUMOGASTRIQUE DES OISEAUX

INTRODUCTION

BUT DU TRAVAIL. DIVISION

Les principaux travaux ayant trait à la physiologie du nerf pneumogastrique, ont été faits sur des mammifères. En tous cas, aucun travail d'ensemble n'a encore été entrepris, touchant la physiologie de ce nerf chez les oiseaux.

Les recherches que nous avons faites, sont destinées tout d'abord à combler cette lacune, et présentent par conséquent un certain intérêt au point de vue de la physiologie zoologique.

Mais ce n'est pas ce but unique que nous avons poursuivi. Nous avons pensé qu'en dirigeant nos études sur un groupe d'animaux différent de celui sur lequel on a expérimenté ordinairement, nous pourrions peut-être en retirer certains résultats importants au point de vue de la physiologie comparée du nerf.

Nous avons donc eu surtout l'intention dans ce travail, d'élucider différents points de la physiologie comparée du nerf pneumogastrique. Aussi, n'avons-nous pas borné exclusivement nos recherches aux oiseaux; et bien que nous nous soyons occupé principalement de ce groupe, nous avons institué quelques expériences comparatives, sur les mammifères, les reptiles et les batraciens.

Dans ces recherches exclusivement physiologiques, nous n'avons eu recours qu'à deux méthodes pour la détermination des différentes fonctions du nerf vague : les sections, et les excitations soit du bout central, soit du bout périphérique. Ces deux méthodes d'ailleurs, qui se complètent l'une l'autre, puisque l'une supprime l'effet du nerf et que l'autre l'exagère, ont toujours paru suffisantes aux physiologistes.

Dans de récentes études sur le nerf pneumogastrique (2), MM. Arthaud et Butte ont employé un troisième procédé, celui des névrites. Les résultats auxquels ils sont arrivés, montrent combien ce mode d'expérimentation peut être précieux pour les pathologistes, car ils en ont tiré les résultats les plus intéressants relativement à la pathogénie de certaines maladies, telles que le diabète et l'albuminurie.

Mais ces études de physiologie pathologique offrent plus d'intérêt pour les médecins, que pour ceux qui s'occupent de sciences pures, car il est bien difficile, dans l'état actuel de la science, de préciser le déterminisme du procédé employé. Cela est tellement vrai, que les auteurs précités ont obtenu, par les névrites, dans certains cas, des résultats analogues à ceux de la section; dans d'autres cas, au contraire, des phénomènes identiques à ceux que produit l'excitation. Il est évident qu'il n'y a là que des contradictions apparentes. Mais comme il nous semble assez difficile de les expliquer pour le moment, malgré tout l'intérêt des résultats obtenus, nous avons cru devoir nous en tenir aux sections et aux excitations simples. Les phénomènes produits dans ces conditions sont souvent déjà assez difficiles à expliquer, sans qu'il soit nécessaire de faire intervenir de nouvelles complications, par suite du procédé expérimental employé.

Nous avons divisé cette étude en trois parties :

Dans la première, nous faisons un court exposé anatomique, introduction indispensable à toute étude physiologique. Nous avons fait dans cet exposé de fréquents emprunts aux travaux de nos devanciers, nous contentant de rectifier les quelques erreurs commises, et de signaler les faits nouveaux que nous avons pu constater.

Dans la deuxième, nous étudions l'action du pneumogastrique, sur les trois grandes fonctions de nutrition qu'il gouverne : respiration, circulation, digestion. Nous examinons aussi son action sur la sécrétion urinaire, et sur la glycogenèse.

Dans la troisième enfin, qui sert de conclusion à la deuxième, nous rapprochons les différents résultats obtenus, de manière à établir le mécanisme des troubles divers qui sont consécutifs à la double section des vagues, et celui de la mort qui en est la conséquence. Nous prouvons par un examen comparatif chez les différents animaux que nous avons étudiés (oiseaux, mammifères, reptiles, batraciens), que la cause de cette mort réside dans des troubles de nutrition élémentaire, qui sont amenés, non par une action trophique du nerf, mais par les perturbations organiques des fonctions respiratoire et digestive.

Nous sommes heureux d'inscrire en tête de ce travail, le nom de notre savant maître M. le professeur R. Dubois, qui n'a cessé de nous prodiguer pendant sa longue durée tous ses conseils et ses encouragements. Nous lui adressons ici nos remerciements les plus sincères et l'hommage de notre profonde reconnaissance.

PREMIÈRE PARTIE

Avant d'aborder notre étude physiologique, nous croyons nécessaire de rappeler brièvement l'anatomie du nerf. Nous aurons d'ailleurs dans ce court exposé, l'occasion de rectifier un certain nombre d'erreurs, et de signaler quelques faits non encore connus.

Origine apparente du nerf. — Le nerf pneumogastrique (pl. i, fig. 1) naît sur le côté latéral du bulbe (position de racines postérieures), par un certain nombre de filets radiculaires (6 à 8). Le plus postérieur de ces filets, n'est autre que le nerf spinal, comme l'a établi Bischoff (11). Mais celui-ci se trouve réduit exclusivement à ses racines bulbaires, et à l'exception d'un tout petit filet innervant quelques muscles du cou, et qui correspond à la branche externe, il se jette en totalité dans le pneumogastrique. Nous nous rangeons à l'opinion de Chauveau et Arloing (15) et de François-Franck (26) qui tendent à considérer la branche interne du spinal, comme faisant partie virtuellement du pneumogastrique, et le nerf que nous étudierons dans ce travail sous ce nom, sera en réalité un vago-spinal.

Partie intra-cranienne. — Les racines du pneumogastrique vont se jeter, en même temps que celles du glosso-pharyngien, dans un gros ganglion unique (fusion du ganglion jugulaire et du ganglion d'Ehrenritter), ainsi que l'a établi Marage (35) et que nous avons pu maintes fois le constater nous-même.

Au sortir du ganglion, les deux nerfs se séparent, cheminant parfois chacun dans un canal osseux propre (oie, canard); **d'autres fois (poule, pigeon)**, se trouvant réunis dans le même canal, avec une gaine conjonctive commune.

Ils sortent enfin du crâne par le trou déchiré postérieur.

Partie cervicale. — **A** peine sorti du crâne, le pneumogastrique envoie une et quelquefois deux grosses anastomoses au glosso-pharyngien, et va constituer avec ce nerf le laryngé supérieur et le pharyngo-œsophagien sur lesquels nous reviendrons. La grosse anastomose en question a été signalée depuis longtemps par Bamberg (5) : elle se fait ordinairement à la hauteur du ganglion pétreux où d'Andersh (pl. i, fig. 1, 3, 4), mais parfois un peu au-dessous, chez le hibou (pl. i, fig. 5) par exemple; on peut voir alors nettement, comme nous l'établirons d'ailleurs d'une manière irréfutable que c'est le glosso-pharyngien qui fournit les fibres du rameau anastomotique, et **non** l'inverse, comme Bamberg l'a supposé. Après cette anastomose, le pneumogastrique croise l'hypoglosse avec lequel il entre en connexion par un fin filet, puis descend tout le long du cou, en accompagnant non la carotide, qui est chez les oiseaux appliquée contre la face antérieure des vertèbres cervicales, mais la jugulaire. Pendant tout ce long trajet, le tronc du nerf n'émet et ne reçoit aucun filet, sauf quelques anastomoses avec les premières paires cervicales.

Partie thoraco-abdominale (pl. ii, fig. 1, 2, 4, 5). — Peu après sa pénétration dans le thorax, le nerf se renfle en un ganglion qui n'a pas encore été signalé chez les oiseaux, et dont on avait seulement constaté la présence dans le groupe voisin des crocodiliens, et chez les sauriens. Ce ganglion est cependant assez visible, pour être distingué même à l'œil nu, nous l'appellerons ganglion thoracique. Il fournit un certain nombre de filets, qui concourent à la formation du plexus cardiaque. Un peu au-dessous de ce ganglion, se détache un nerf assez volumineux, qui remonte le long du tube digestif, et qui est l'analogue du récurrent : nous signalerons plus loin ses particularités. A peine le récurrent est-il fourni, que le tronc du nerf se dédouble, et forme un collier plus ou moins analogue à l'anneau de Vieussens, dans l'orifice duquel passe l'artère pulmonaire. L'une des branches de cette bifurcation, qui est beaucoup plus grosse que l'autre, et passe sous l'artère, fournit les différents filets qui concourent à la formation du plexus pulmonaire. Quand le tronc est redevenu unique, il fournit de nouveau des filets destinés au plexus cardiaque; puis il descend le long du ventricule succenturié, côte à côte avec son congénère, avec lequel il vient se fusionner parfois sur une certaine longueur (hibou). Mais le plus souvent, les deux troncs demeurent distincts. Arrivés au niveau du gésier, ou, si l'oiseau est carnivore, de la grande courbure de l'estomac, les deux nerfs vont se jeter dans un plexus sympathique, analogue au plexus solaire. Souvent, ils semblent prendre une part égale à la formation de ce plexus, mais parfois (hibou) le gauche semble fournir des filets plus gros et plus abondants, le droit s'étant plus ou moins épuisé dans la formation du plexus stomacal. Ce serait là l'inverse de ce que l'on constate généralement chez les mammifères. Nous remarquerons en passant, que nous avons trouvé une disposition analogue, mais beaucoup plus prononcée, chez les sauriens.

Une fois que le pneumogastrique a pénétré dans le plexus cœliaque, il est impossible d'en suivre anatomiquement les filets. La physiologie seule nous apprend qu'il va innerver le foie, les reins, la rate, le pancréas, l'intestin. C'est donc avec raison que Marage attribue une part au pneumogastrique dans la formation du nerf intestinal.

Nous n'avons pas donné de description à part, du pneumogastrique droit et du pneumogastrique gauche. Ces deux nerfs ne présentent guère en effet que des différences de position, peu importantes pour le physiologiste : nous avons signalé les autres au cours de la description.

Revenons maintenant un peu plus en détail sur les différents nerfs émanés du tronc du vague.

1° *Laryngé supérieur et pharyngo-œsophagien.*

Au niveau du ganglion d'Andersh, au point où s'anastomosent le pneumogastrique et le glosso-pharyngien, ou bien de l'union de cette anastomose avec un filet émané du ganglion pétreux, se détache un nerf qui ne tarde pas à se bifurquer en deux branches. L'une, qui se dirige horizontalement en suivant le bord du maxillaire, est le laryngé supérieur; l'autre, qui descend le long du pharynx et de l'œsophage, est le pharyngo-œsophagien.

Le laryngé supérieur (l. s., pl. i, fig. 1, 3, 4, 5), ou simplement laryngé, car il est le seul se distribuant au larynx, ou mieux pharyngo-laryngé, à cause de sa distribution spéciale, fournit en effet des filets au pharynx et au larynx supérieur. Après avoir reçu une nouvelle anastomose du glosso-pharyngien, il fournit un certain nombre de nerfs qui vont se terminer dans le plexus pharyngien, avec des filets du pharyngo-œsophagien et de l'hypoglosse. Continuant ensuite sa route, il va s'épuiser dans les muscles du larynx supérieur, et dans la muqueuse de cet organe. Ce nerf est à la fois sensitif et moteur; il fournit la sensibilité et le mouvement au larynx supérieur, et la sensibilité au pharynx. Les filets moteurs du larynx sont dus partiellement au pneumogastrique (constricteurs) et partiellement au glosso-pharyngien (dilatateurs) : ses filets sensitifs sont fournis par le pneumogastrique. Quant aux filets sensitifs pharyngiens, ils sont dus au glosso-pharyngien.

Le pharyngo-œsophagien (br. ph. as., pl. i, fig. 1, 3, 4, 5) est un nerf qui descend tout le long du pharynx et de l'œsophage dans lesquels il s'épuise. Il forme d'abord le plexus pharyngien auquel concourent les branches pharyngiennes du laryngé et l'hypoglosse; puis le plexus œsophagien. Ce nerf est exclusivement moteur et sa motricité lui est fournie par le tronc du pneumogastrique.

2° *Récurrent.*

Ce nerf se détache du pneumogastrique, un peu au-dessous de son ganglion thoracique. Il offre ceci de particulier, qu'il ne fournit aucun filet au larynx supérieur. Après avoir fourni quelques nerfs au plexus pulmonaire et au plexus cardiaque, ainsi qu'au syrinx, dont l'innervation motrice est assurée par un filet de l'hypoglosse qui descend le long de la trachée, et qu'on prendrait au premier abord pour un laryngé inférieur, il remonte le long du jabot, dans lequel il s'épuise. Chez les oiseaux qui n'ont pas de jabot, le récurrent innerve la portion œsophagienne correspondante.

3° *Plexus cardiaque.*

Ce plexus est formé par un certain nombre de filets, se détachant du tronc du nerf, les uns au-dessus, les autres au-dessous de l'origine du récurrent. Ces nerfs vont s'anastomoser avec des cordons sympathiques qui proviennent d'un nerf cardiaque unique. Celui-ci a son origine dans deux filets, se détachant des ganglions correspondant aux deux derniers nerfs du plexus brachial, ou bien au dernier nerf de ce plexus et à la paire suivante (pl. ii, fig. 1 et 3). Quelquefois, au lieu que les dernières branches du sympathique et du vague s'anastomosent, on voit se jeter directement le nerf cardiaque sympathique dans le tronc du vague (pl. ii, fig. 5). C'est sans doute cette disposition qu'a observé Marage, quand il parle d'anastomoses du pneumogastrique avec un nerf du plexus brachial. Nous n'insisterons pas sur la description du plexus cardiaque lui-même, qui a été étudié avec soin par Marage dans son étude sur le grand sympathique des oiseaux. Frappé du petit nombre de filets sympathiques qui entrent dans ce plexus, il en avait induit que le tronc même du vague devait renfermer de nombreuses fibres accélératrices; nous verrons plus loin que l'expérimentation n'a pas confirmé cette hypothèse.

4° *Plexus pulmonaire.*

Ce plexus est formé par un très grand nombre de filets, qui se détachent les uns au-dessus, les autres au-dessous de l'anneau qui embrasse l'artère pulmonaire; ils vont s'anastomoser avec des rameaux sympathiques.

5° *Plexus stomacal et cœliaque.*

Au moment où les deux nerfs pneumogastriques qui descendent côte à côte le long de la face antérieure du ventricule succenturié arrivent au niveau du gésier, ou, chez les oiseaux qui n'en possèdent pas, au niveau du renflement stomacal, ils s'anastomosent entre eux pour former un riche plexus stomacal. Le plus souvent, les deux nerfs semblent prendre une part égale à la constitution du plexus (pl. ii, fig. 4), mais parfois c'est particulièrement le nerf droit qui le compose (pl. ii, fig. 2). Un certain nombre des branches de ce plexus vont se jeter dans un amas ganglionnaire sympathique, et forment avec lui le plexus cæliaque, à partir duquel il est impossible de suivre les filets du pneumogastrique, à l'exception de deux, qui accompagnent le duodénum (pl. ii, fig. 4) et paraissent provenir surtout du pneumogastrique droit. Les nerfs sympathiques qui concourent à la formation du plexus cæliaque, prennent leur origine dans les ganglions des deux paires nerveuses qui font suite au plexus brachial (pl. ii, fig. 3). Les racines, se fondent en un ou deux troncs homologues des splanchniques, et qui vont se jeter soit dans un gros ganglion homologue du semi-lunaire, soit dans un groupe de petits ganglions qui représentent par leur ensemble le premier.

Constitution du vague.

Nous avons pu voir, au cours de cette description, qu'en aucun point de son parcours, sauf au niveau des ramifications constituant les plexus, le pneumogastrique ne contracte d'anastomoses avec le sympathique. Cependant, les résultats mêmes de l'excitation du tronc du nerf, soit au point de vue moteur, soit au point de vue sensitif, semblent parler en faveur d'une constitution du moins partiellement sympathique. Marage, qui a remarqué cette absence d'anastomoses dans la partie céphalique du nerf, absence déjà constatée d'ailleurs par Rochas (41), s'appuie sur la présence du gros ganglion d'origine, pour expliquer la nature sympathique du nerf : on peut encore invoquer la présence du ganglion thoracique que nous avons découvert.

Mais tout n'est pas là : on sait que chez les mammifères, indépendamment des connexions manifestes du nerf avec le ganglion cervical supérieur, connexions qui manquent chez les oiseaux, on admet que le pneumogastrique reçoit un certain nombre de fibres sympathiques médullaires, qui lui sont apportées par le *faisceau solitaire*. Il est très probable qu'il en est de même chez les oiseaux. Et à ce propos, nous avons fait dans un groupe très voisin, les crocodiliens, ¡une observation qui ne manque pas d'intérêt.

Vogt a signalé depuis longtemps chez ces animaux, un cordon sympathique particulier qui rampe le long de la face antérieure des vertèbres cervicales, et auquel il a donné le nom de sympathique médian ou impair. Mais il a commis quelques erreurs dans sa description. Gaskell (1), qui l'a décrit plus exactement, n'a posé aucune conclusion sur sa signification.

Ce sympathique médian est constitué comme il suit :

Il prend naissance au niveau de la dixième vertèbre, formé par la réunion de deux filaments, qui émanent des deux ganglions sympathiques correspondant à la dixième paire rachidienne. Il remonte alors le long des vertèbres, grossi de proche en proche par l'adjonction de nouvelles paires de filaments émanant des ganglions correspondant aux neuvième, huitième, septième, cinquième, quatrième, troisième paires rachidiennes. Ces deux filaments se fusionnent avant de se jeter dans le tronc médian, et à partir de la septième paire, au point où ils s'y jettent, ce dernier présente un petit renflement ganglionnaire (pl. ii, fig. 6 et 7). Au niveau de la troisième paire cervicale, le sympathique impair qui a acquis sa grosseur maxima, se bifurque, et chacune des branches va se jeter dans le ganglion d'origine du vague et du glosso-pharyngien.

On peut se demander, si ce sympathique médian, ne représenterait pas un trajet extra-rachidien des fibres sympathiques du cordon solitaire, qui serait détaché de la moelle, au lieu d'y être inclus comme chez les mammifères et probablement chez les oiseaux.

Quoi qu'il en soit, malgré l'absence de connexions visibles du tronc du vague avec le cordon limitrophe, nous pensons qu'on doit admettre que ce nerf est chez les oiseaux, comme dans tous les autres groupes étudiés, un vago-sympathique.

(1) Gaskell et Gadow. On the Anatomy of the cardiac nerves, etc. (*Journal of physiology*, V).

C'est donc en réalité un nerf fort complexe que nous allons examiner dans cette étude physiologique, puisqu'il contient, outre ses fibres propres, et celles que lui fournit la racine qui représente le spinal, vraisemblablement encore des fibres sympathiques. Mais c'est en somme le nerf constitué comme il vient d'être dit qui agit sur les organes auxquels il se distribue. Avant de chercher à pousser plus loin l'analyse, nous croyons bon, sans dissocier les filets, de rechercher l'action du groupement désigné par les anatomistes sous le nom de nerf vague. D'ailleurs, le pneumogastrique tel que nous l'avons étudié, est analogue comme composition à celui qu'ont étudié sur les mammifères tous les physiologistes; et comme nous voulions faire une œuvre de comparaison, c'est celui-là sur lequel nous devions faire porter nos recherches.

DEUXIÉME PARTIE

INFLUENCE DU PNEUMOGASTRIQUE SUR LES FONCTIONS DE NUTRITION

1° Influence sur la respiration.

Nous diviserons cette étude en deux parties : effets mécaniques, comprenant l'influence sur les larynx, sur le type respiratoire, sur la contractilité pulmonaire et sur la ventilation ; effets chimiques, examen de l'acide carbonique éliminé et de l'oxygène absorbé.

I. — Effets mécaniques.

a.) *Influence sur le larynx supérieur.*

Lorsqu'on sectionne chez un oiseau les deux pneumogastriques dans la région du cou, on voit que contrairement à ce qui se passe chez les mammifères, les mouvements de la glotte persistent et sont même exagérés. A chaque mouvement inspiratoire, le larynx se soulève violemment, en même temps que les deux lèvres de la glotte s'écartent largement ; le larynx redescend et la glotte se referme à chaque mouvement expiratoire. Ce fait, déjà signalé par Doddaert (13) chez le pigeon, et qui est général chez tous les oiseaux que nous avons eu l'occasion d'examiner, s'explique facilement par l'examen de l'innervation du larynx. Ce dernier reçoit

un seul nerf. qui est plus ou moins l'analogue du laryngé supérieur; et le récurrent, ou plutôt le nerf qui le représente, se distribue exclusivement au tube digestif. Quand la section des pneumogastriques est faite au cou, elle porte au-dessous des filets
laryngés, elle n'est donc suivie forcément d'aucun effet sur le
larynx.

Il entre dans le nerf laryngé des fibres appartenant au pneumogastrique et au glosso-pharyngien, mais avant d'examiner ce qui
revient à chacun de ces deux nerfs, voyons d'abord les effets géné-
raux de l'excitation du laryngé.

Quand on excite le tronc du laryngé *in continuo*, on voit la
glotte se dilater, et le pharynx se contracter, en même temps que
l'animal pousse un grand cri et que la respiration s'arrête en expiration. Le nerf renferme donc, à n'en pas douter, des filets sensitifs
et des filets moteurs, et en effet, l'excitation du bout périphérique
produit des mouvements de la glotte, celle du bout central, un
violent cri expiratoire avec arrêt de la respiration : elle produit
aussi des contractions du pharynx que nous expliquerons plus
tard.

Si maintenant on fait porter les excitations sur les deux troncs
composant du nerf, on observe :

Pneumogastrique. . . $\left\{\begin{array}{l}\text{Bout central. — Cri réflexe, arrêt en expiration.}\\\text{Bout périphérique. — Mouvements de la glotte (cons-}\\\text{triction.)}\end{array}\right.$

Glosso-pharyngien . . $\left\{\begin{array}{l}\text{Bout central. — Contraction du pharynx.}\\\text{Bout périphérique. — Mouvements de la glotte (dila-}\\\text{tation).}\end{array}\right.$

La conclusion de ces résultats, est que toutes les fibres sensitives du larynx sont fournies par le pneumogastrique, les fibres
motrices étant fournies par le pneumogastrique et le glosso-
pharyngien.

Il semblerait que le pneumogastrique soit plutôt constricteur, et
le glosso-pharyngien dilatateur.

b.) *Influence sur le syrinx.*

L'influence du pneumogastrique sur le syrinx est nulle. Après la double section au cou, l'oiseau continue à chanter. Le nerf qui se distribue au larynx inférieur, est une branche qui se détache de l'hypoglosse, et descend tout le long de la trachée.

c.) *Influence sur le type respiratoire.*

1° Section unilatérale.

Au moment où l'on effectue la section, l'animal présente une pause en expiration, qui résulte très probablement de l'excitation

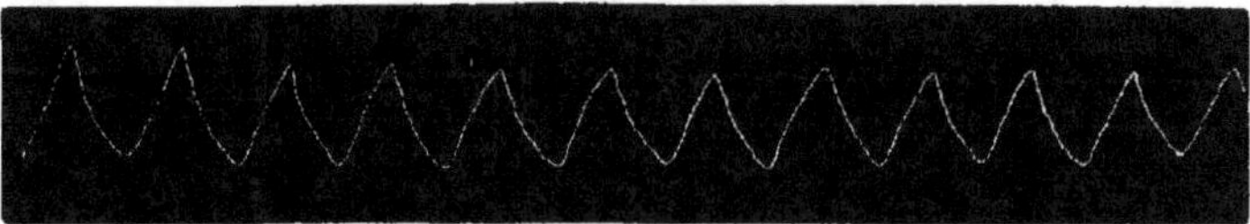

Fig. 1. — Coq. Respiration normale.

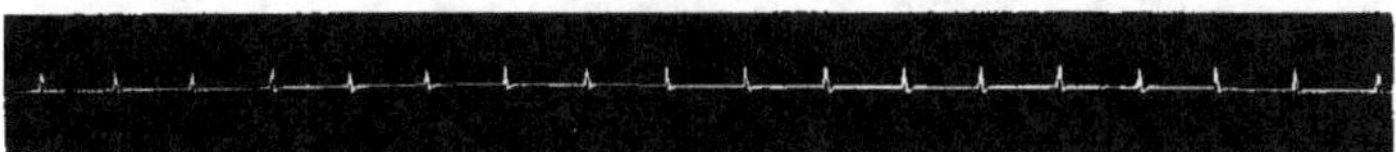

Ligne de temps en secondes.

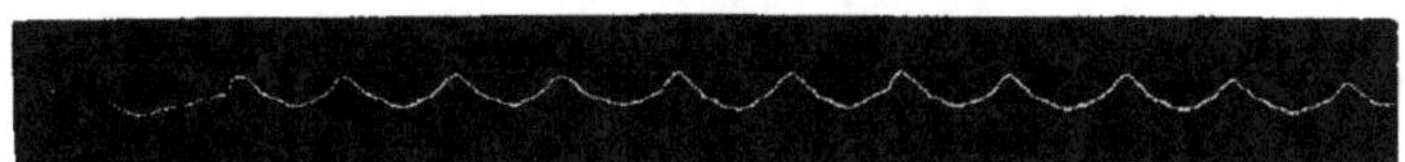

Fig. 2. — Coq. Pneumogastrique gauche coupé depuis trois mois. Respiration.

du nerf. Celle-ci est de peu de durée, et la respiration ne tarde pas à reprendre. Elle est d'abord un peu ralentie et irrégulière, mais cet effet n'est que passager, et au bout de quelques jours elle est complètement normale au point de vue du rythme et de l'amplitude.

Voici les résultats obtenus sur un coq :

1° Normal, en 15 secondes, 10 respirations.
2° Pneumogastrique gauche coupé, quelques minutes après, même temps, 7 respirations.
3° Pneumogastrique gauche coupé, trois mois après, même temps, 10 respirations (voir graphiques fig. 1 et 2).

2° *Section bilatérale.*

Que cette double section soit faite immédiatement, ou que les deux sections soient faites après un long intervalle, pourvu que l'on ait eu soin de réséquer une certaine longueur du nerf, pour empêcher sa réparation, le résultat est le même.

Fig. 3. — Coq. Respiration. Deux pneumogastriques coupés. Effets immédiats.

Fig. 4. — Coq. Respiration. Deux pneumogastriques coupés. Un quart d'heure après.

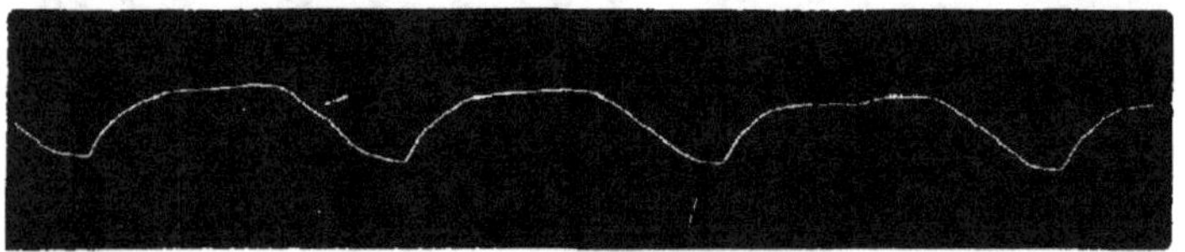

Fig. 5. — Coq. Respiration. Deux pneumogastriques coupés. Cinq jours après.

Coq. — Immédiatement après la double section, les mouvements respiratoires deviennent beaucoup plus rares (3 ou 4 par minute au lieu de 35 à 40), et ils sont en même temps beaucoup plus amples (fig. 3) : l'inspiration est un peu allongée, l'expiration très brève, des pauses en expiration d'une durée de quinze secondes environ séparent deux mouvements respiratoires. Un quart d'heure environ après, le nombre restant toujours le même, l'amplitude diminue beaucoup, et tombe même au-dessous de la normale (fig. 4). En même temps, on constate un certain changement dans la forme de la courbe : l'expiration reste toujours très brève, mais l'inspiration s'allonge notablement. Au bout de quatre ou cinq jours, les mouvements sont devenus plus fréquents (12 ou 15 par minute), mais ont encore perdu en amplitude. L'inspiration reste très allongée, mais l'expiration n'est plus si brève ; parfois même elle s'allonge beaucoup, et se fait pour ainsi dire en deux temps. La pause expiratoire est réduite à deux secondes. Ce type se continue jusqu'à la mort (fig. 5).

Voici d'autres chiffres relatifs à un coq et à un pigeon :

	Coq.	Pigeon.
Nombre normal des respirations par minute. . . .	40	90
Aussitôt après double section, nombre	4	9
Durée de la pause expiratoire	15″	8″
Quatre jours après la double section, nombre . . .	12	23
Durée de la pause expiratoire	2″	2″

Dans les tableaux suivants, relatifs à deux pigeons, nous avons consigné outre les résultats relatifs au nombre des respirations, ceux qui ont trait à leur amplitude. Les observations ont été faites tous les jours jusqu'à la mort.

Premier pigeon : poids, 420 grammes ; mort au bout de six jours.

NATURE de L'OBSERVATION	ANIMAL NORMAL	PNEUMO-GASTRIQUE coupé 1/4 d'h. après	JOURS APRÈS				
			1	2	3	4	5
Nombre des inspirations par minute. .	30	11	18	18	18	18	18
Volume moyen d'une inspiration	cent. cubes 6.5	cent. cubes 6	c. c. 6	c. c. 5.5	c. c. 5.4	c. c. 4.6	c. c. 4.6

Deuxième pigeon : poids, 318 grammes; mort au bout de cinq jours.

NATURE de L'OBSERVATION	ANIMAL NORMAL	PNEUMOGASTRIQUE coupé 1/4 d'heure après	JOURS APRÈS			
			1	2	3	4
Nombre des inspirations par minute. .	35	9.5	20,5	22.5	20.5	18.5
Volume moyen d'une inspiration	cent. cubes 5	cent. cubes 4.25	c. c. 4	c. c. 3.4	c. c. 2.5	c. c. 2.6

Ces deux tableaux, et les chiffres relatifs au troisième pigeon qui sont cités plus haut, montrent que les nombres obtenus sont très variables avec l'animal. Mais ce qu'il en ressort de général, ce sont les phénomènes suivants : 1° après la section, le nombre des mouvements respiratoires diminue beaucoup ; ce nombe se relève dès le lendemain, pour rester à peu près stationnaire jusqu'à la mort, et inférieur au chiffre normal ; 2° l'amplitude de la respiration (sauf dans les premiers moments) va en décroissant depuis le moment de la section jusqu'à la mort. Nous verrons l'importance de ce fait, dans notre étude des effets chimiques.

Quelle est maintenant la cause de cette modification profonde du rythme qui suit la double section des vagues. D'après des expériences artificielles, M. Arthaud (1) a cru pouvoir conclure que ces modifications étaient dues à la paralysie des muscles lisses des bronches. Il se peut que cette paralysie y soit pour quelque chose, mais pour nous les causes prépondérantes sont : 1° la présence du mucus dans les bronches ; 2° la suppression de l'innervation sensitive du poumon. Pour ce qui est de la présence du mucus, nous avons pu constater sur des animaux chez lesquels l'inspiration de vapeurs irritants avait déterminé une hypersécrétion de ce mucus, que le rythme de la respiration était identique ou à peu de chose près à celui qui suit la double section (fig. 6). On sait de plus qu'à

Fig. 6. — Mucus dans les bronches. 1, Type respiratoire; 2, Retour à l'état normal.

Fig. 7. — Excitation du bout central. Arrêt en inspiration.

l'état normal, c'est grâce aux nerfs sensitifs du poumon que les deux phases inverses de la respiration s'appellent l'une l'autre.

3° *Excitation du nerf* dans sa continuité ou du bout central au cou.

Quand on excite le nerf dans sa continuité, au-dessous du laryngé supérieur, ou bien son bout central, que l'autre nerf soit coupé ou intact, on observe toujours les mêmes effets. Dans le cas d'une excitation faible, on voit le **rythme respiratoire** s'accélérer; mais dans le cas d'une excitation forte, on voit la respiration s'arrêter immédiatement, et toujours en *inspiration* (fig. 7). Nous insistons sur ce résultat, car Paul Bert (9) a établi que chez les mammifères, l'arrêt avait lieu soit en inspiration soit en expiration, suivant le moment où on appliquait l'excitant; et chez les mêmes animaux, François-Franck (27) a prétendu que après un premier effet inspiratoire sensitif, on voyait toujours survenir une expiration. Or, chez les oiseaux : 1° en appliquant le courant au début de l'*expiration* on provoque immédiatement un mouvement *inspiratoire*, et c'est en inspiration que l'arrêt a lieu (1).

On peut du reste, les deux pneu-

(1) Nous avons obtenu des effets analogues sur le caïman (18).

mogastriques étant coupés, changer complètement le type respiratoire, par des excitations pratiquées en temps opportun ; et avoir, au lieu de mouvements séparés par des pauses en expiration (fig. 8), des mouvements séparés par des pauses en inspira-

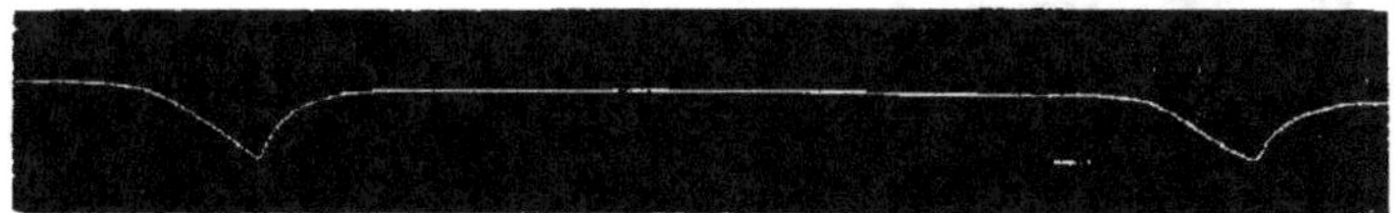

Fig. 8. — Rythme ordinaire après la double section des pneumogastriques.

tion [(fig. 9) ; 2° même en prolongeant pendant longtemps l'excitation (15 secondes), on voit toujours l'effet inspiratoire prédominer ; la courbe remonte bien un peu, mais au moment où l'on cesse l'excitation (fig. 7), c'est toujours une expiration violente qui se produit. Si l'on excite très longtemps (22 secondes), la respiration reprend, mais très courte, et les sommets expirateurs restent au-dessous de la ligne générale des expirations (fig. 10). Cependant, quand on anesthésie l'animal, l'excitation

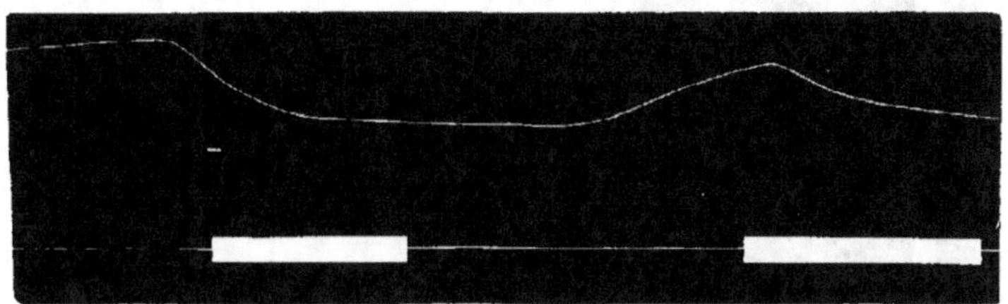

Fig. 9. — Changement du rythme respiratoire par des excitations du bout central pratiquées à la fin d'une expiration.

du bout central provoque d'emblée un arrêt en expiration ; mais l'effet est aussi le même quand le nerf est fatigué (voir graphiques fig. 11 12 et 13). Quand l'excitation est insuffisante pour produire l'arrêt, les inspirations sont très raccourcies, et la fin de l'excitation se marque par une inspiration profonde (fig. 12).

Nous concluons donc, en nous ralliant ainsi à l'opinion de Fré-

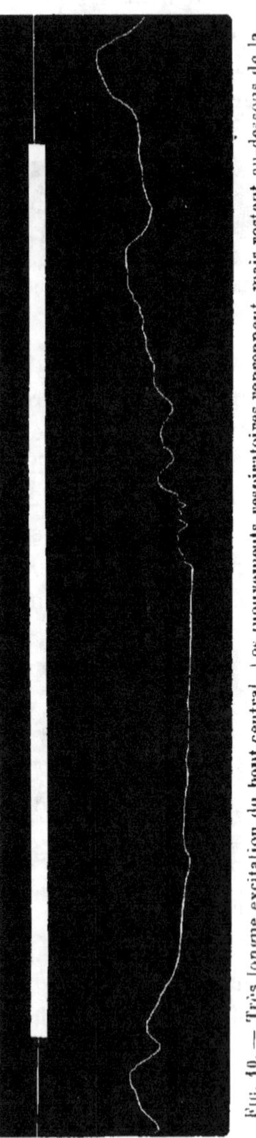

Fig. 10. — Très longue excitation du bout central. Les mouvements respiratoires reprennent, mais restent au-dessous de la ligne des expirations.

déricq (1) que le pneumogastrique renferme au cou des fibres inspiratrices et expiratrices, que les premières se fatiguent plus vite que les secondes, et qu'on peut les paralyser par les anesthésiques.

Quand on excite le laryngé supérieur, ou bien le pneumogastrique au-dessus du point où ce nerf se détache, l'effet n'est plus le même : c'est un effet expirateur qu'on obtient d'emblée. Cet effet est tellement marqué, que si l'on pratique l'excitation au moment d'une pause expiratoire (animal à deux pneumogastriques coupés), une expiration forcée se produit immédiatement (voir graphiques fig. 14). Nous n'avons pu constater l'inspiration préalable signalée par F.-Franck chez les mammifères et qui serait due à la douleur. Par l'excitation d'un nerf cutané du cou, nous avons au contraire obtenu toujours cette inspiration préalable, suivie d'un arrêt en expiration (fig. 15).

Nous sommes donc forcés, d'après ces résultats, de nous ranger, au moins pour ce qui est des oiseaux, à l'opinion de Rosenthal et de la majorité des physiologistes allemands sur les mammifères, à savoir que, au-dessous du laryngé supérieur l'effet de l'excitation du pneumogastrique est surtout

(1) Fredericq et Nuel. *Physiologie.*

inspirateur, et surtout expirateur au contraire au-dessus de ce nerf.

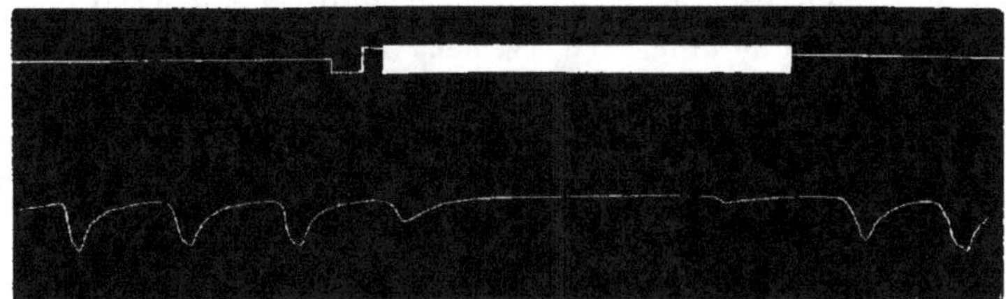

FIG. 11. — Excitation du bout central, animal anesthésié.

4° EXCITATION DU BOUT PÉRIPHÉRIQUE.

α). *Autre nerf intact.*

Pendant l'excitation, on voit se produire une accélération manifeste des mouvements respiratoires, qui diminuent légèrement

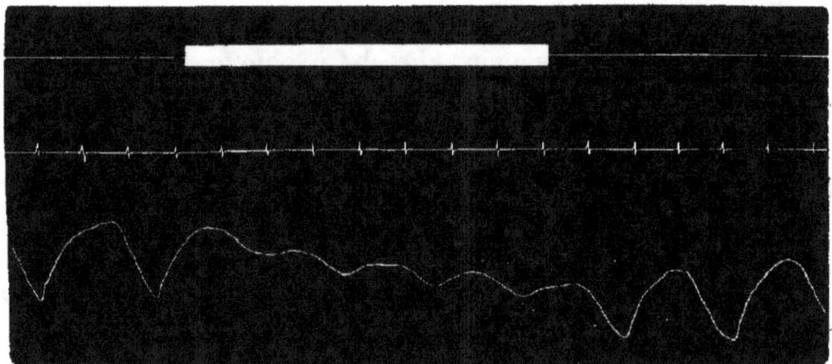

FIG. 12. — Animal anesthésié, excitation du bout central insuffisante pour produire l'arrêt.

d'amplitude (fig. 16) : aussitôt après l'excitation, les mouvements reprennent leur rythme normal. Ces faits ont été signalés chez les mammifères par M. Laulanié (31).

β). *Autre nerf coupé.*

Les résultats sont alors différents. On n'obtient plus pendant l'excitation des effets immédiats consistant en une accélération de la respiration (fig. 17). La voie centripète du réflexe produit dans le cas précédent, est donc constituée par l'autre pneumogastrique. Ce point établit une différence avec les mammifères, chez lesquels dans ces conditions, d'après Laulanié, les effets persistent. Mais une différence plus sensible encore, c'est qu'alors que chez ces derniers on voit se produire des effets dépresseurs consécutifs consistant en un arrêt respiratoire lorsqu'on cesse l'excitation; chez les oiseaux, la respiration reprend simplement son rythme normal. Laulanié attribue à une anémie bulbaire, due à un arrêt du cœur, les effets consécutifs observés chez les mammifères. Nous pensons que cette interprétation est en effet exacte, car chez les oiseaux, où ces effets n'existent pas, on sait que l'arrêt du cœur est presque impossible à obtenir.

d.) *Influence sur la contractilité pulmonaire.*

Lorsqu'on excite le bout périphérique du pneumogastrique d'un mammifère ou d'un reptile (P. Bert), on obtient une légère contraction du poumon, due à l'action des fibres de Reisseissen. C'est en vain que nous avons cherché à obtenir la preuve directe de cette contraction chez les oiseaux. En prenant toutes les précautions possibles, l'enregistrement par la trachée ne nous a jamais donné aucun résultat. Ce serait néanmoins une conclusion prématurée, que d'affirmer que chez les oiseaux le pneumogastrique n'a aucune action sur la contraction des petites bronches. En effet, chez ces animaux, le système pneumatique est tellement développé, et la masse d'air contenue dans l'ensemble des poumons, des sacs aériens et des os creux est telle, qu'on conçoit qu'une faible contraction ne puisse produire que des changements de pression trop peu considérables pour être traduits par les appareils enregistreurs même les plus sensibles. Si l'on admet, avec certains auteurs, que le rythme particulier qui suit la double section tient à une paralysie des bronchioles, ce rythme se produisant également chez les oiseaux, on a ainsi une preuve indirecte de l'action exercée chez eux par le pneumogastrique sur la contractilité pulmonaire.

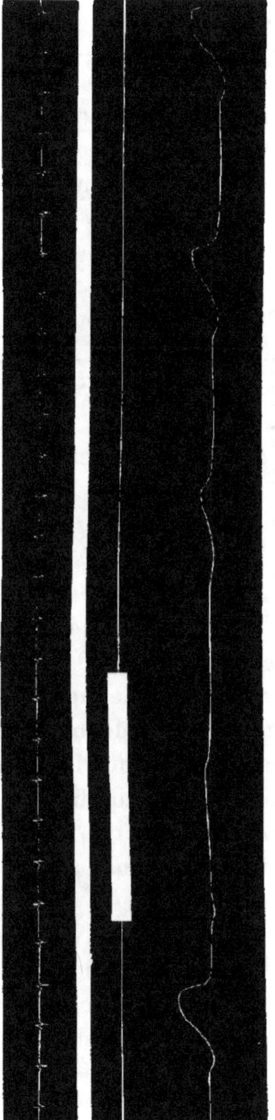

Fig. 13. — Nerf fatigué. Excitation du bout central. (Inspirations ascendantes.)

Temps en secondes.

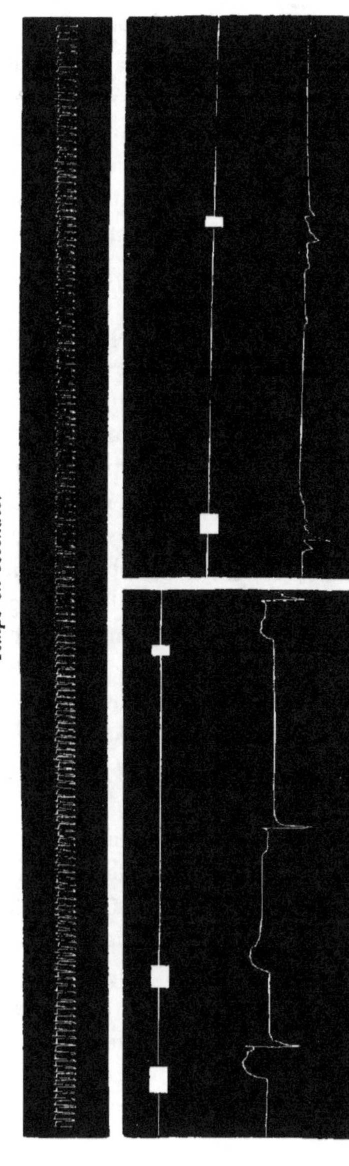

Fig. 14. — Excitation du bout central du laryngé supérieur pendant la pause expiratrice (deux pneumogastriques coupés).

Fig. 15. — Excitation d'un nerf sensitif cutané. Pause en expiration après inspiration préalable.

e). *Nerfs sensibles du poumon.*

François-Franck (27) a démontré que chez les mammifères, le pneumogastrique fournissait au poumon des nerfs sensitifs, que l'on pouvait mettre en évidence par l'inhalation de vapeurs irritantes. Ces filets existent aussi chez les oiseaux : l'éther ne produit que des troubles respiratoires insignifiants, mais l'ammoniaque produit des effets très démonstratifs.

f.) *Influence sur la ventilation.*

Nous avons recherché quelle était l'influence que la double section des pneumogastriques exerçait sur la ventilation pulmonaire, c'est-à-dire sur la quantité d'air traversant le poumon dans un temps donné. Cette quantité était mesurée en faisant inspirer l'animal dans un gazomètre enregistreur gradué préalablement.

Voici les résultats que nous avons obtenus en suivant les animaux au jour le jour jusqu'à leur mort : chaque nombre est la moyenne de cinq ou six observations.

On voit, d'après ces tableaux (page 28), qu'immédiatement après la section la ventilation pulmonaire subit une baisse considérable. La rareté des mouvements respiratoires est donc loin d'être compensée par leur amplitude, comme on l'admet chez les mammifères. D'ailleurs, si l'on se reporte à deux tableaux donnés plus haut, et se rapportant aux mêmes animaux, on verra que les deux facteurs de la ventilation pulmonaire (nombre et amplitude des inspirations) baissent tous deux après la double section. En se reportant aux mêmes tableaux, on pourra s'assurer que la hausse légère dans la ventilation, constatée le lendemain de la section, est due uniquement à l'augmentation du nombre des mouvements respiratoires, car leur amplitude continue à diminuer. Quant à la baisse graduelle ultérieure de la ventilation, qui va s'accentuant de jour en jour, elle est due surtout à la diminution constante de l'amplitude, car le nombre demeure à peu près et parfois même complètement stationnaire.

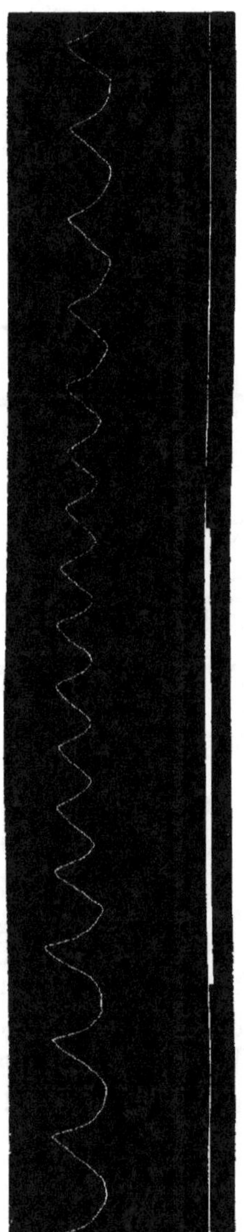

Fig. 16. — Excitation du bout périphérique d'un pneumogastrique, l'autre étant intact.

Fig. 17. — Excitation du bout périphérique d'un pneumogastrique, l'autre étant coupé. Pas d'effet. 1. Pas d'excitation.

Premier pigeon : poids, 420 grammes ; mort au bout de six jours.

OBSERVATION	ANIMAL NORMAL	PNEUMO-GASTRIQUES COUPÉS	JOURS APRÈS				
			1	2	3	4	5
Ventilation pulmonaire par minute. .	cent. cubes 180	cent. cubes 86	c. c. 114	c. c. 100	c. c. 96	c. c. 86	c. c. 86

Deuxième pigeon : poids, 318 grammes, mort au bout de cinq jours.

OBSERVATION	ANIMAL NORMAL	PNEUMOGASTRIQUES COUPÉS	JOURS APRÈS			
			1	2	3	4
Ventilation pulmonaire par minute. .	cent. cubes 173	cent. cubes 44	c. c. 82.6	c. c. 61.6	c. c. 53.4	c. c. 46.4

II. — Effets chimiques.

En présence des troubles considérables amenés dans le rythme respiratoire par la double section, et de la réduction de la ventilation pulmonaire, nous nous sommes demandé si rien n'était changé dans les phénomènes chimiques de la respiration. De Blainville (12), qui seul s'est occupé de la question en ce qui concerne les oiseaux, a prétendu que les échanges respiratoires n'étaient en rien modifiés : il s'appuyait sur ce fait que le sang était encore rouge dans les artères. Ce procédé étant absolument rudimentaire et insuffisant, nous avons dosé les quantités d'oxygène absorbé et d'acide carbonique éliminé, pendant les jours successifs qui s'écoulent entre le moment de la double section et la mort qui en est la conséquence inévitable (1). Ces recherches étaient d'autant plus intéressantes,

(1) Les résultats de ces expériences ont été publiés dans la *Revue Linnéenne* de Lyon (décembre 1890 et janvier 1891).

que l'on n'avait au sujet des mammifères que des données contradictoires : Provençal (39) prétendant que les échanges respiratoires étaient affaiblis, et Gréhant (29) qu'ils n'étaient pas modifiés. Nous avons constaté que chez les oiseaux, la double section des pneumogastriques est suivie de phénomènes asphyxiques très nets (1).

ÉLIMINATION D'ACIDE CARBONIQUE.

Nous nous sommes occupés tout d'abord, des variations qui pouvaient se produire dans l'élimination de l'acide carbonique, et cela dans deux conditions : 1° pour le même temps; 2° pour le même volume d'air.

Nous avons opéré sur des pigeons : on mesurait la ventilation pulmonaire par le procédé indiqué plus haut. L'acide carbonique était dosé au moyen de la baryte ; l'air de l'expiration traversait cette baryte dont le titre alcalin était pris avant et après chaque opération, au moyen d'une solution d'acide oxalique dont 1 centimètre cube correspondait à 1 milligramme d'acide carbonique.

Voici les résultats numériques obtenus dans une de ces expériences prise pour type, sur un pigeon du poids de 318 grammes ; chaque nombre est la moyenne de cinq ou six observations.

OBSERVATIONS	ANIMAL NORMAL	PNEUMO-GASTRIQUES coupés	JOURS APRÈS			
			1	2	3	4
Air inspiré par minute	173 c.c.	44 c.c.	82 6	61 6	53 4	46 4
CO^2 par minute . . .	0ᵉ0056	0ᵉ00325	0ᵉ0046	0ᵉ0036	0ᵉ0021	0ᵉ001
CO^2 p. 1000 d'air. . .	0 032	0 079	0 0565	0 0508	0 0359	0 0194

(1) Depuis MM. Arthaud et Butte sont arrivés à des résultats analogues, que nous aurons d'ailleurs l'occasion de discuter plus loin, sur les mammifères. (Du nerf pneumogastrique, 1892).

Il ressort de ce tableau deux choses : la première, c'est que, après la double section, la quantité d'acide carbonique éliminé dans un temps donné suit à peu près, sauf dans les derniers jours, les variations de la ventilation pulmonaire; la seconde, c'est que la quantité d'acide carbonique éliminé pour un volume d'air donné, qui est d'abord de beaucoup supérieure à la normale (1), s'en rapproche de plus en plus, pour tomber enfin au-dessous. La conséquence de ces deux faits, c'est que, dans les premiers jours, la quantité éliminée dans un temps donné, quoique inférieure à la normale, est néanmoins plus grande que ne semblait le faire prévoir la grande réduction de la ventilation (ventilation quatre fois moindre, acide carbonique deux fois moindre). On peut encore remarquer, que dans le voisinage de la mort, bien que la ventilation reste à peu près identique, l'élimination de l'acide carbonique subit une baisse considérable. Nous avons donné la représentation graphique de ces faits dans les diagrammes ci-contre (fig. 18 et 19); dans le deuxième diagramme sont consignés en plus le nombre et le volume des inspirations.

ABSORPTION DE L'OXYGÈNE.

Mais, l'élimination seule de l'acide carbonique ne peut nous donner une idée nette de ce que sont devenus les échanges respiratoires. Pour en avoir la notion, il faut aussi savoir ce que devient l'absorption de l'oxygène.

Nous avons cherché les variations de cette absorption, comme précédemment dans deux conditions : 1° pour le même temps, 2° pour le même volume d'air. Voici les résultats obtenus sur un pigeon de 420 grammes (390 au moment de la mort) : l'oxygène de l'air expiré était dosé par l'acide pyrogallique.

---

(1) C'est sans doute en se basant sur ces résultats, que Valentin a conclu que l'exhalation de l'acide carbonique était augmentée après la double section. (Einfluss der Vagus Læhmung ; Francfort, 1858).

OBSERVATIONS	ANIMAL NORMAL	PNEUMO-GASTRIQUES coupés	JOURS APRÈS				
			1	2	3	4	5
Air inspiré par min.	cent. cubes 180	cent. cubes 86	c. c. 114	c. c. 100	c. c. 96	c. c. 86	c. c. 86
Oxygène consommé par minute	9	8.4	8.6	6.8	6.1	4.9	3.6
Oxygène consommé p. 100 d'air. . . .	5	9.8	7.6	6.8	6.4	5.7	4.2

Si l'on examine la consommation d'oxygène par minute, on voit que celle-ci, qui baisse aussitôt après la double section, se relève légèrement le lendemain, en même temps que la ventilation, puis subit de nouveau une baisse définitive et de plus en plus marquée. Ces résultats sont en tous points semblables, comme on peut le voir par comparaison avec le tableau précédent, à ceux que nous avons obtenus touchant l'émission de l'acide carbonique.

Si l'on examine la consommation pour un volume d'air donné, on constate une hausse après la section, puis une baisse de plus en plus marquée, cette consommation tombant même au-dessous de celle observée à l'état normal. Ces résultats sont encore de même nature que ceux qui ont été obtenus pour l'acide carbonique émis. Ils sont représentés graphiquement dans les diagrammes ci-contre (fig. 20 et 21); dans le deuxième diagramme, sont consignés en plus le nombre et le volume des inspirations.

On peut donc dire que la consommation d'oxygène et l'émission d'acide carbonique suivent une marche à *peu près* parallèle, et si l'on envisage simultanément la ventilation pulmonaire, on peut énoncer les résultats suivants.

1° Aussitôt après la section, les échanges respiratoires pour un temps donné sont diminués, mais ils sont augmentés pour un volume d'air donné.

2° Dans les premiers jours qui suivent la section, les échanges respiratoires suivent les variations de la ventilation pulmonaire.

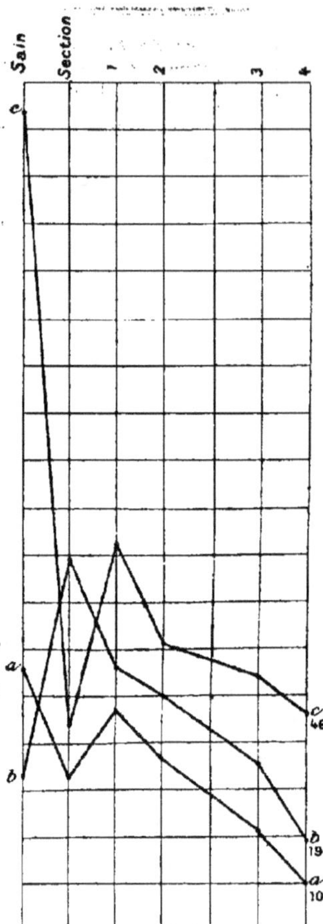

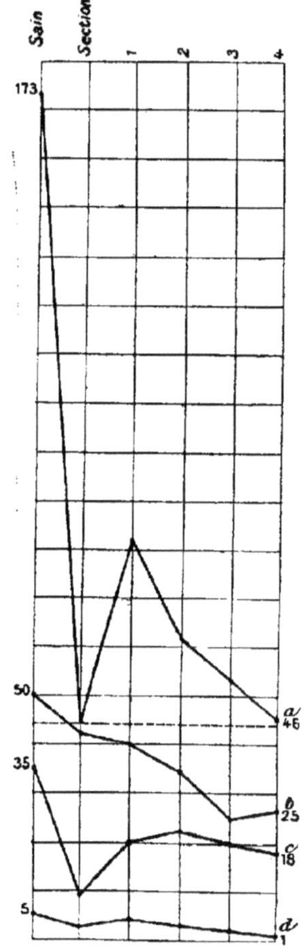

Fig. 18. — Représentation graphique
de la production acide carbonique
d'un pigeon après la double section
des vagues.

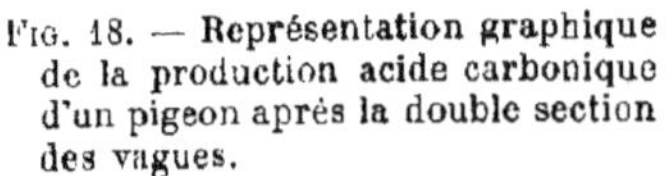

a, CO² par minute
b, CO² pour 1000 d'air } en $\frac{1}{10}$ milligr.
c, ventilation par minute en cent. cubes.

Fig. 19. — Pigeon.

a, ventilation par minute en cent. cubes.
b, volume moyen d'une inspiration en $\frac{1}{10}$ centimètre cube.
c, nombre moyen d'inspirations par minute.
d, CO² exhalé par minute en milligr.

3° Dans les derniers jours qui précèdent la mort, la ventilation
restant à peu près constante, les échanges respiratoires diminuent
de plus en plus.

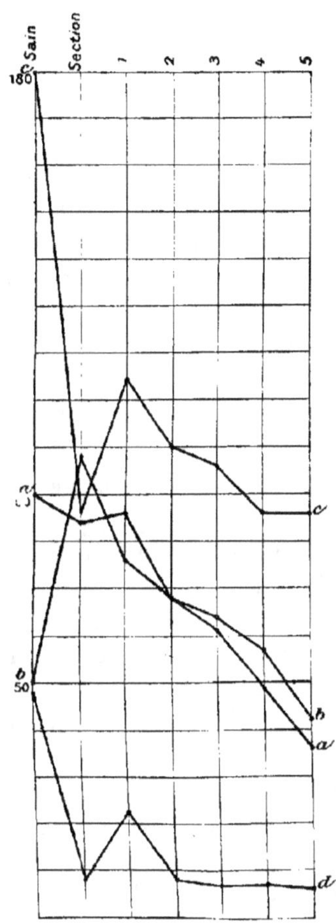

Fig. 20. — Diagramme de la consommation d'oxygène d'un pigeon après la double section des vagues.

a, O par minute
b, O pour 100 d'air $\Big\}$ en $\frac{1}{10}$ cent. cubes.
c, ventilation par minute en centimètres cubes.

d, température en $\frac{1}{10}$ de degré au-dessus de 35 degrés.

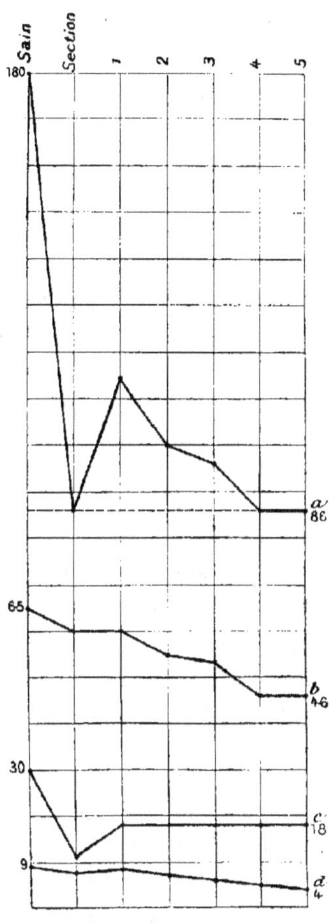

Fig. 21. — Pigeon.

a, ventilation par minute en centimètres cubes.
b, volume moyen d'une inspiration en $\frac{1}{10}$ centimètres cubes.

c, nombre moyen d'inspirations par minute.
d, O absorbé par minute en centimètres cubes.

Pour ce qui est des deux premiers résultats, on peut, à ce qu'il nous semble, admettre les explications suivantes :

1° Aussitôt après la section, le type respiratoire subit des changements considérables : l'inspiration est très allongée, et il se produit de longues pauses en expiration. Or, ces conditions sont doublement favorables aux échanges respiratoires, la première en favorisant le contact de l'air frais avec celui des alvéoles, la seconde en permettant à ce dernier de se charger plus fortement d'acide carbonique. Pour un volume d'air donné, on aura donc plus d'oxygène absorbé et plus d'acide carbonique émis, mais à cause de la réduction considérable de la ventilation, les échanges dans un temps donné n'en seront pas moins diminués.

2° Dans les premiers jours qui suivent la section, le fonctionnement du poumon est encore normal au point de vue de l'hématose : il semble donc assez naturel, le rythme restant le même, que l'oxygène absorbé, et l'acide carbonique émis soient plus ou moins fonctions de la ventilation. Il ne faut pas oublier en effet, que la hausse de ventilation remarquée le lendemain de la section n'est que relative, car cette ventilation est encore au-dessous de la normale : on sait qu'au contraire une ventilation exagérée produit une baisse dans les échanges respiratoires.

3° Le troisième résultat semblait plus difficile à expliquer, car on admet généralement que chez les oiseaux la section des vagues n'est suivie d'aucun trouble pulmonaire. Pourquoi la ventilation restant la même, les échanges respiratoires subissent-ils une baisse si marquée? Cet effet ne peut être dû à l'inanition, car celle-ci, d'après tous les auteurs, n'exerce pas d'influence sur les échanges. Nous nous sommes alors décidés à examiner d'un peu plus près la question des troubles pulmonaires, et, des expériences relatées plus loin nous ayant prouvé leur existence, nous avons adopté l'explication suivante. Dans les jours qui précèdent la mort, le poumon étant engoué, et la circulation pulmonaire plus ou moins entravée, l'hématose se fait de plus en plus difficilement, de sorte que malgré la constance de la ventilation les échanges respiratoires baissent de plus en plus.

Nous avons montré précédemment que la consommation de l'oxygène et l'émission de l'acide carbonique suivaient une marche à peu près parallèle. En effet, les deux quantités varient bien dans le même sens, mais le parallélisme n'est pas rigoureux (voir le diagramme fig. 22). Représentons par 1 la quantité d'oxygène consommé par minute par l'animal sain, par 1 également la quantité d'acide carbonique éliminé par le même animal, par 1 enfin la ventilation normale : nous trouvons alors pour les jours successifs qui s'écoulent depuis l'opération jusqu'à la mort les quantités suivantes :

OBSERVATIONS	ANIMAL NORMAL	PNEUMOGAS- TRIQUES coupés	JOURS APRÈS				
			1	2	3	4	5
	cent. cubes	cent. cubes	c. c.	c. c.	c. c.	c. c.	c. c.
Oxygène par minute.	1	0.91	0.93	0.75	0.67	0.54	0.40
CO_2 par minute . . .	1	0.80	0.92	0.50	0.50	0.31	0.28
Ventil. par minute. .	1	0.46	0.63	0.55	0.53	0.46	0.46

On peut voir que le rapport $\dfrac{CO_2}{O}$ ou quotient respiratoire ne reste pas le même et que son dénominateur augmente plus que son numérateur; en d'autres termes : la quantité d'acide carbonique éliminé subit une baisse plus forte que la quantité d'oxygène absorbé. Ce résultat peut s'expliquer par la forme même du type respiratoire, qui, comme l'ont montré Mathieu et Urbain (37), favorise plus l'absorption de l'oxygène que l'élimination de l'acide carbonique. Mais la conséquence en est, que l'acide carbonique doit forcément s'accumuler dans le sang, d'où production de phénomènes d'asphyxie lente. Nous insistons sur ce point qui est de la plus haute importance.

MM. Arthaud et Butte (2), qui ont repris depuis la publication de ces résultats des expériences détaillées sur les mammifères, sont arrivés à des résultats analogues aux nôtres. Ils ont vu l'élimination de l'acide carbonique baisser d'abord, se relever momentanément puis baisser définitivement après la double section des

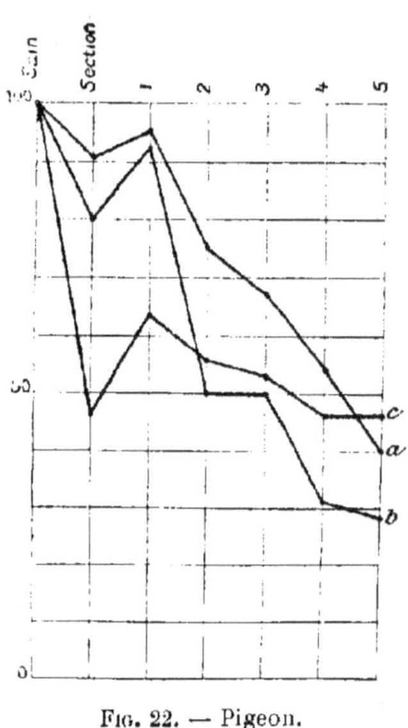

Fig. 22. — Pigeon.

a. O par minute
b. CO² par minute   } Sain = 100
c. ventilation par minute

pneumogastriques. Mais ils n'ont pas adopté les mêmes explications de ces faits. Pour eux, la hausse passagère serait due à une irritation du bout périphérique, et la baisse définitive à une disparition du glucose du sang.

Il peut y avoir du vrai dans la première explication, car ces auteurs ont constaté directement que l'excitation du bout périphérique produit une plus forte élimination d'acide carbonique : il est regrettable qu'il n'aient pas observé simultanément les variations de la ventilation pulmonaire, peut-être alors, en définitive, leur explication serait-elle revenue à la nôtre.

Pour ce qui est de la deuxième, nous ne saurions l'adopter, car si le glycogène a presque disparu du foie chez les oiseaux trois ou quatre jours après la section, le sang renferme encore de notables proportions de glucose (plus qu'à l'état normal) ainsi que nous l'établissons plus loin. Les auteurs se basent sur ce que, on ne trouve souvent que des altérations pulmonaires très légères chez les animaux qui ont succombé ; et de plus, disent-ils, on voit déjà se produire une diminution manifeste dans les échanges, trois quarts d'heure après la section, bien avant que des lésions pulmonaires aient pu être constituées (nous en avons pourtant remarqué chez des cobayes, moins d'une demi-heure après la section). Mais trois quarts d'heure après la section, le glucose a-t-il beaucoup diminué dans le sang? Nous établirons au contraire qu'il a augmenté.

Nous croyons donc qu'en définitive il faut chercher l'explication des faits dans des troubles pulmonaires; la circulation pouvant d'ailleurs être suffisamment entravée, bien avant que l'on puisse constater des lésions anatomo-pathologiques.

Nous ajouterons enfin, que les auteurs cités se sont contentés d'examiner l'élimination de l'acide carbonique, sans rechercher simultanément l'absorption de l'oxygène, et que par suite toute une face des phénomènes leur a échappé.

Pour terminer ce qui a rapport aux modifications des échanges respiratoires après double section des vagues, signalons encore quelques faits qui ont un certain intérêt.

Si l'on examine les variations dans la quantité de l'azote que renferme l'air de l'expiration, on voit que cette quantité qui augmente d'abord, baisse peu à peu et tombe à la fin de la vie au-dessous de la normale. Valentin (*loc. cit.*), qui a fait des dosages de l'azote expiré sur des mammifères (lapin), n'a noté que les premières phases de ces modifications.

Enfin, la vapeur d'eau éliminée subit un accroissement après la double section. Valentin l'a constaté également sur des mammifères.

III. — Troubles pulmonaires consécutifs
à la double section des vagues.

Comme nous le disions plus haut, on admet généralement que chez les oiseaux, après la double section des vagues, la fonction respiratoire continue à s'exercer dans toute son intégrité. De Blainville (12) le premier, Billroth (10) ensuite, ont affirmé le fait qui est devenu classique. Il a été admis par Claude Bernard (6), et par Boddaert dans son travail sur les lésions pulmonaires. Bien que quelques-unes de ses observations aient dû le mettre en garde, il se rallie néanmoins à l'opinion que chez les oiseaux la seule cause de la mort est l'inanition.

Nous avons déjà prouvé par les analyses précédentes, qu'il n'en était pas ainsi, et qu'il existait des troubles respiratoires manifestes.

Mais des lésions existent-elles concurremment? Chez les mammifères, trois causes viennent s'unir pour produire l'engouement du poumon : la pénétration des aliments dans la trachée, l'emphysème pulmonaire dû, d'après Claude Bernard, aux inspirations exagérées, l'augmentation de pression dans l'artère pulmonaire due aux modifications du rythme. Chez les oiseaux, deux de ces causes doivent être évidemment écartées. Les aliments ne peuvent pénétrer dans la trachée puisque après la section au cou la glotte continue à jouer librement; l'emphysème ne peut se produire à cause de la communication des poumons avec de vastes réservoirs aériens ; mais la troisième cause persiste tout entière. Aussi n'avons-nous pas été surpris de rencontrer dans le poumon des altérations très nettes. Les lésions ne sont pas aussi manifestes que chez les mammifères, elle ne vont pas jusqu'à la broncho-pneumonie, mais on peut constater même à l'œil nu une congestion très marquée : certaines régions du poumon sont mêmes hépatisées et tombent au fond de l'eau. Cette congestion veineuse avait été déjà remarquée par Boddaert dans ses autopsies : il n'en affirme pas moins que « les oiseaux ne meurent point par les poumons, mais bien de faim à la suite de la paralysie de la première partie du tube digestif »; et cependant on lit à propos de son expérience XIX : « A l'autopsie, congestion veineuse des poumons, du reste tous les signes de la mort par asphyxie. » Nos observations se trouvent corrobées de la sorte par un auteur même qui soutient une opinion contraire. Nous ajouterons que nous avons retrouvé les mêmes altérations chez d'autres animaux (lézards), dont le rythme respiratoire se trouve profondément troublé par la double section des vagues. Chez la grenouille, au contraire, on ne trouve rien : ce sont cependant chez ces animaux, comme nous l'avons démontré (20), les nerfs vagues qui fournissent au poumon ses vaso-constricteurs. Mais il n'existe aucun trouble respiratoire, ainsi qu'on le sait depuis longtemps grâce aux expériences de Moreau.

Il semble donc, d'après ce qui précède, qu'ainsi que l'a déjà prétendu Beaunis (8), une des conditions les plus importantes pour la production des troubles pulmonaires, soit la variation du rythme, et les modifications que cette variation apporte à la circulation dans le poumon (la longue pause en expiration accroît considérablement la pression dans l'artère pulmonaire et produit une stase sanguine).

Ce qui semble encore appuyer cette hypothèse, c'est que toutes les fois que la respiration se trouve modifiée de la même manière que par la section des vagues, on voit les mêmes phénomènes se produire. Dernièrement, Mairet et Bosc (34) ont constaté qu'après l'injection hypodermique de principes colorants de l'urine, la respiration présentait : une inspiration allongée, une expiration saccadée, suivie d'une longue pause en expiration. Or ils ont constaté à l'autopsie de la congestion pulmonaire et des hémorragies ponctiformes.

Quoi qu'il en soit, retenons ce fait, c'est qu'après la double section des vagues, les oiseaux présentent un embarras profond dans la circulation pulmonaire, qui se traduit par une congestion veineuse des plus marquées, accompagnée souvent de rupture de capillaires.

CONCLUSIONS

Phénomènes mécaniques.

1° Les filets sensitifs du larynx supérieur émanent du pneumogastrique, ses filets moteurs du pneumogastrique (constricteurs) et du glosso-pharyngien (dilatateurs) ;

2° Le récurrent ne fournit aucun filet au larynx ;

3° Le pneumogastrique fournit des filets sensitifs aux bronches ;

4° L'excitation du bout central du pneumogastrique produit normalement un arrêt durable en inspiration ; quand le nerf est fatigué, l'arrêt se fait en expiration, il en est de même quand l'animal est anesthésié ;

5° L'excitation du bout périphérique produit, si l'autre nerf est intact, une accélération du rythme avec diminution d'amplitude ;

6° L'excitation du bout central du laryngé produit un arrêt en expiration d'emblée;

7° La section d'un seul pneumogastrique ne produit que des troubles respiratoires passagers ;

8° La section des deux nerfs produit un ralentissement notable de la respiration : le nombre des mouvements respiratoires remonte ensuite, mais l'amplitude diminuant sans cesse, après une hausse *relative* passagère, la ventilation subit une baisse marquée.

PHÉNOMÈNES CHIMIQUES.

1° La double section est suivie d'un ralentissement dans les échanges respiratoires : ces échanges suivent dans les premiers jours la courbe de la ventilation ; ils continuent ensuite à baisser, malgré une ventilation à peu près constante. La cause en est un trouble de plus en plus marqué dans la circulation pulmonaire (stases sanguines, ruptures de capillaires).

2° L'acide carbonique éliminé baisse plus vite que l'oxygène absorbé. Il en résulte une accumulation du premier de ces gaz dans le sang, et des phénomènes d'asphyxie lente.

II. — INFLUENCE SUR LA CIRCULATION

Nous diviserons cette étude en trois parties : 1° influence sur le cœur ; 2° effets sur la pression sanguine ; 3° effets vaso-moteurs.

I. INFLUENCE SUR LE CŒUR.

Les seules recherches dirigées dans ce sens ont eu trait à l'influence de l'excitation du nerf. Cl. Bernard (6) a prétendu que l'arrêt du cœur était impossible à obtenir chez les oiseaux ; Einbrodt (25) a montré depuis, que cet arrêt, très difficile à obtenir, pouvait néanmoins être produit avec de très forts courants, résultat que nous ne pouvons que confirmer. Mais nous sommes entré dans des détails un peu plus circonstanciés, relativement aux effets de l'excitation sur le nombre et l'amplitude des battements ; et nous avons ajouté quelques expériences relatives aux effets de la section. Avant de donner les résultats de ces expériences, rappelons brièvement le procédé opératoire que nous avons suivi. Einbrodt auscultait simplement ses animaux en se servant d'un stéthoscope, les battements du cœur étant, dit-il, presque impossibles à enregistrer grâce à la cuirasse osseuse formée par le sternum. Nous sommes néanmoins arrivés à enregistrer des battements d'une manière très satisfaisante, en nous servant d'animaux, qui, comme la poule, présentent dans la région précordiale un véritable défaut de la cuirasse, le sternum étant simplement remplacé dans cette région par un plan fibreux. On écarte avec des érignes les muscles moteurs des ailes, et arrivé sur ce plan fibreux on l'incise sur une petite longueur. Par cette boutonnière, on fait passer la tige d'un levier, qui repose par son extrémité inférieure garnie d'une boulette de cire à modeler sur le cœur enveloppé de son péricarde. Ce levier met en mouvement un tambour récepteur conjugué avec un tambour enregistreur. Ce dispositif nous a donné les meilleurs résultats, et malgré l'ouverture du thorax, minime, il est vrai, la respiration continuait à s'effectuer très régulièrement.

Expérience sur une poule.

Animal normal. — Nombre des battements en 5 secondes (fig. 23) . .   24-26
Excitation d'un pneumogastrique dans sa totalité, l'autre étant intact (pile au bichromate, 3 Dubois-Reymond), nombre des battements dans le même temps (fig. 24)   7
On coupe un des pneumogastriques, nombre des battements (fig. 25) .   25-26
Excitation d'un pneumogastrique dans sa totalité, l'autre étant coupé, nombre des battements (fig. 26).   7
On coupe le deuxième pneumogastrique, nombre des battements (fig. 27).   23-25
Excitation d'un bout périphérique, nombre de battements (fig. 28) . .   5
On empoisonne l'animal par l'atropine, nombre des battements . . .   23
On excite à nouveau le bout périphérique, nombre des battements. .   23 (1)

(1) Les excitations portaient sur le pneumogastrique droit dans la région du cou.

Une remarque qui s'impose quand on examine les graphiques, c'est que pendant l'excitation du nerf, en même temps qu'ils deviennent moins nombreux, les battements deviennent plus amples. Cet effet se poursuit longtemps encore après que l'on a cessé l'excitation. Ainsi dans un de nos graphiques, trente

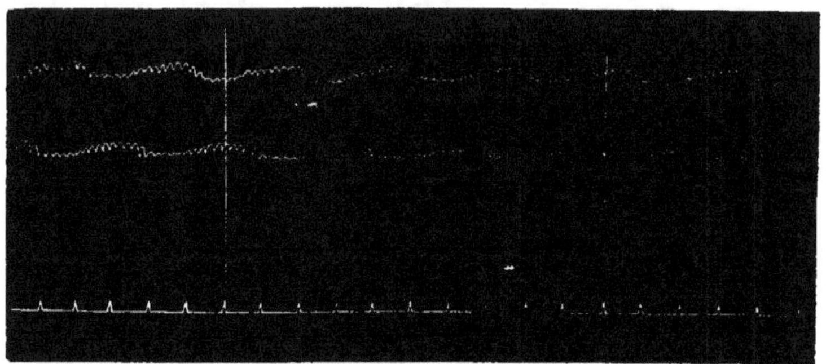

Fig. 23. — Poule : nombre normal des battements. T. = 10 secondes.

secondes après la fin de l'excitation, le nombre des battements en cinq secondes n'était encore que de quinze.

Un autre point curieux, c'est qu'à égalité d'excitation, et dans les mêmes conditions (autre pneumogastrique coupé), on obtient un effet modérateur plus marqué par l'excitation du bout périphérique du nerf, que par celle du nerf total : ce fait existe d'ailleurs également chez les mammifères.

Nous avons pensé alors, que l'excitation du bout central du nerf, devait avoir un effet quelconque sur le nombre des battements, et probablement les accélérer. Mais dans les nombreuses expériences que nous avons faites, l'excitation du bout central n'a jamais donné aucun résultat, si l'autre pneumogastrique est coupé, car sans cela on obtient naturellement un ralentissement réflexe (fig. 29 et 30).

Voici d'ailleurs les résultats des expériences :

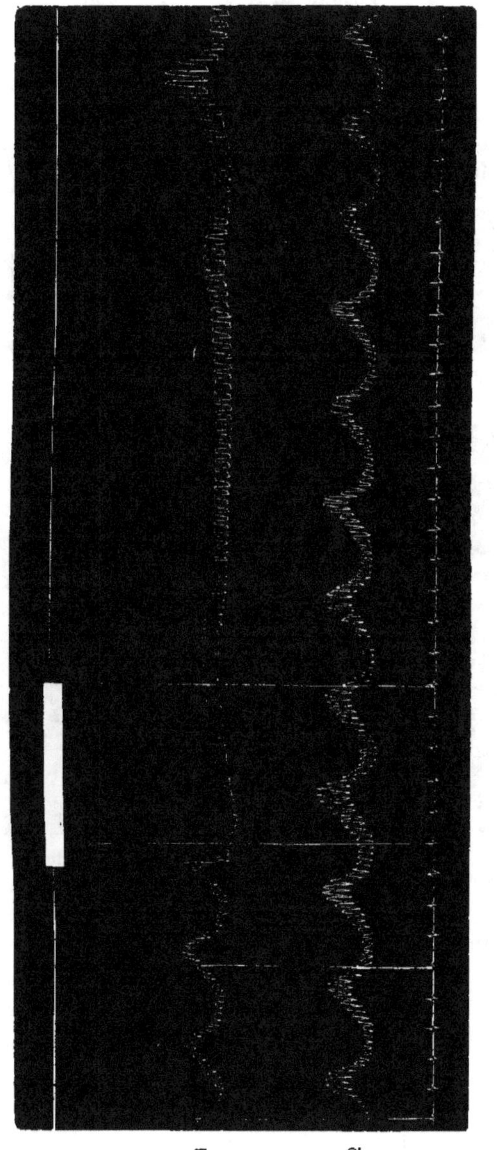

Fig. 24. — Poule : excitation d'un pneumogastrique dans sa totalité, l'autre étant intact. Nombre des battements. T. = 5 secondes; 1 excitation, 2 normal.

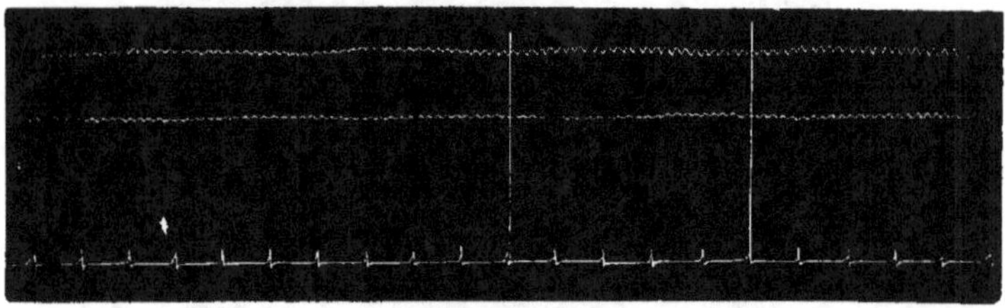

Fig. 25. — Poule : un pneumogastrique coupé, pas d'accélération cardiaque.

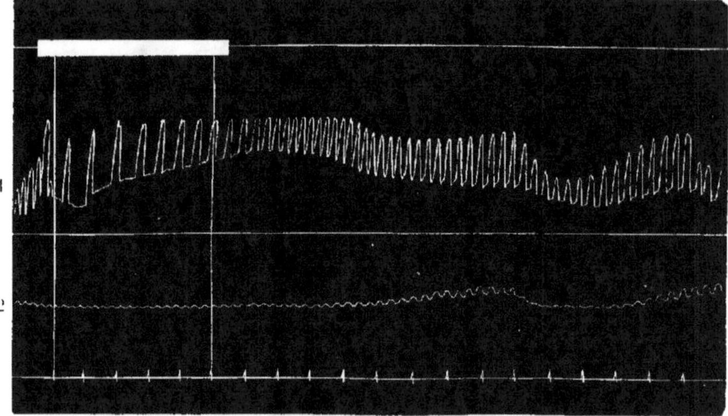

Fig. 26. — Poule : excitation d'un pneumogastrique dans sa totalité, autre coupé.
Nombre des battements. T. = 5 secondes; 1, excitation, 2, normal.

L'explication du fait signalé plus haut est donc encore à
trouver.

On sait que chez un **mammifère** empoisonné par l'atropine,
l'excitation du bout périphérique du nerf ne produit plus de ralentissement cardiaque, et provoque même une accélération : c'est
d'ailleurs le procédé employé pour démontrer la présence de filets
accélérateurs dans le tronc du pneumogastrique.

Si l'on fait la même expérience sur un oiseau, l'action modératrice disparaît, mais on ne voit pas se produire d'accélération

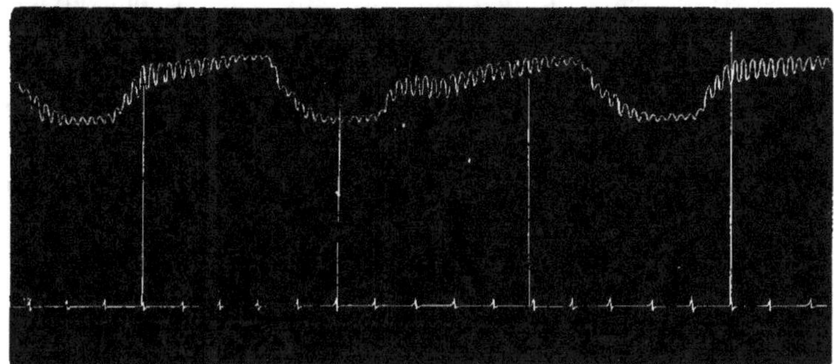

Fig. 27. — Poule : deux pneumogastriques coupés. Nombre des battements. T. = 5 secondes.

(fig. 31), ainsi que cela ressort des chiffres que nous avons donnés plus haut. En voici d'autres, correspondant à un autre animal, et qui ne font que corroborer ces résultats.

Nombre des battements en 5 secondes 12
Excitation du bout périphérique après empoisonnement par atropine . . 12

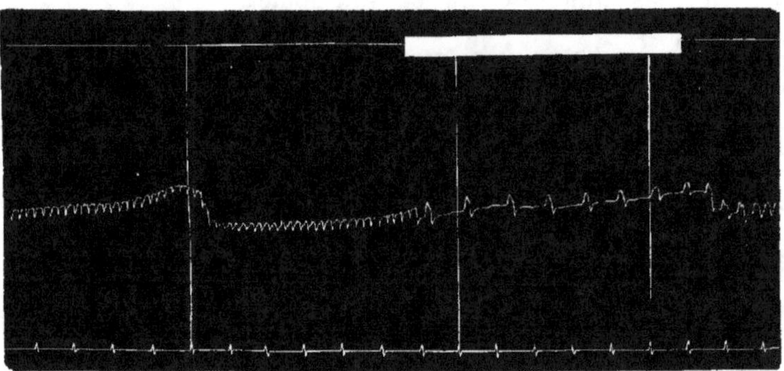

Fig. 28. — Poule : excitation du bout périphérique d'un pneumogastrique, autre coupé. Nombre des battements. T. = 5 secondes.

Il ne semble donc pas que chez les oiseaux il existe des fibres accélératrices dans le tronc du pneumogastrique; la difficulté qu'on a à produire l'arrêt du cœur par l'excitation du vague ne saurait donc tenir à l'existence abondante de ces fibres.

Nous avons pensé un moment, que cette difficulté pouvait tenir à ce que toutes les fibres modératrices n'étaient pas contenues dans le tronc du pneumogastrique. Mais le fait que l'empoisonnement par l'atropine ne produit pas d'accélération après la double

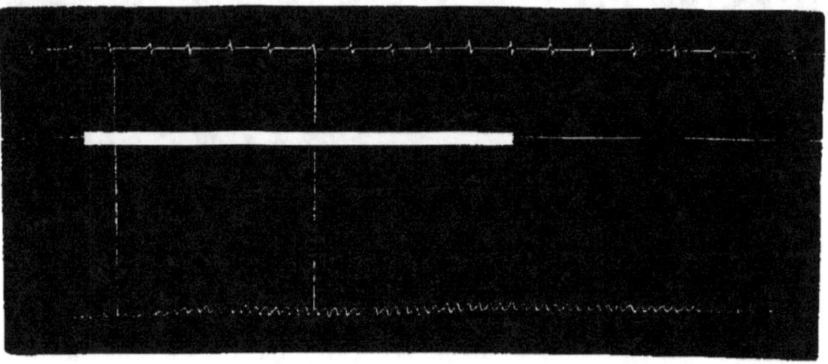

Fig. 29. — Poule : Excitation du bout central d'un pneumogastrique, autre intact. Ralentissement réflexe.

section, ne permet pas non plus d'accepter cette hypothèse : en effet, voici les chiffres obtenus sur une poule :

Après double section des vagues, nombre en 5 secondes 23
Après empoisonnement consécutif 23

La difficulté à obtenir l'arrêt semble donc simplement tenir à une faible excitabilité soit des fibres du vague, soit des ganglions modérateurs intra-cardiaques.

Les chiffres que nous avons donnés plus haut, établissent que la section soit unilatérale, soit bilatérale du vague ne produit pas d'accélération cardiaque. En voici d'autres qui concluent dans le même sens :

1° Canard normal. — Nombre des battements en 5 secondes 28
Un pneumogastrique coupé. 28
Le lendemain de l'opération. 28
Deux pneumogastriques coupés. 28

Il en résulte que chez les oiseaux, normalement, le pneumogastrique n'exerce pas de tonus d'arrêt : cette particularité se retrouve d'ailleurs chez certains mammifères (lapin) et semble être plus ou moins en relation avec le nombre considérable à l'état normal des battements du cœur. On sait cependant que le même fait se reproduit chez la grenouille dont le cœur n'a pas un rythme très accéléré. Cette absence de tonus doit donc tenir encore à d'autres causes. Chez les oiseaux, elle peut être en relation avec la faible excitabilité des fibres modératrices que nous avons supposée.

Nerfs sensibles du cœur. — Il n'existe pas chez les oiseaux de nerf comparable au dépresseur, ainsi que nous l'établirons plus loin. Mais on sait qu'outre le nerf de Cyon, le pneumogastrique fournit au cœur des nerfs sensibles particuliers, que F. Franck (27) a découvert chez les mammifères, et qui provoquent quand on irrite directement l'endocarde par l'injection d'une substance caustique, des troubles cardiaques et respiratoires. Ces nerfs existent chez les oiseaux : en injectant avec une seringue de Pravaz quelques gouttes d'une solution d'ammoniaque dans le ventricule, nous avons vu se produire un arrêt respiratoire, en même temps qu'un arrêt cardiaque. Une fois même, l'irritation étant un peu trop forte, l'arrêt du cœur a été définitif. On sait que c'est là un accident à redouter, quand on pousse sans précautions une solution un peu concentrée de chloral dans la jugulaire d'un chien pour produire l'anesthésie. On observe quelquefois au lieu d'un arrêt respiratoire franc, des spasmes et quelques convulsions généralisées.

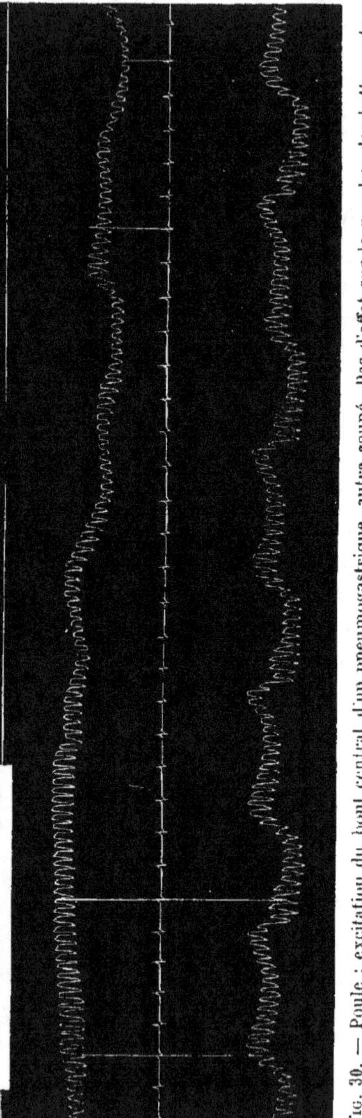

Fig. 30. — Poule : excitation du bout central d'un pneumogastrique, autre coupé. Pas d'effet sur le nombre des battements, 1, excitation; 2, normal.

Fig. 31. — Poule : excitation du bout périphrique d'un pneumogastrique après empoisonnement par l'atropine. Ni ralentissement, ni accélération cardiaque.

II. Influence sur la pression sanguine.

Aucune recherche n'a encore été faite sur ce sujet chez les oiseaux, nous avons suivi comme guide celles si complètes faites sur ce point chez les mammifères par F. Franck (27) : c'est-à-dire que nous avons étudié successivement l'effet de l'excitation du bout central et du bout périphérique, l'effet de la section uni ou bilatérale, et enfin l'influence du laryngé supérieur. Nous n'avons pas eu à examiner l'effet du nerf de Cyon qui n'existe pas chez les oiseaux comme nerf distinct, ni celui du récurrent qui se distribue exclusivement chez eux au tube digestif. Les animaux employés étaient des poules ou des canards.

Influence des excitations du pneumogastrique.

1° *Bout périphérique.* — L'excitation du bout périphérique d'un pneumogastrique, provoque constamment une baisse notable de la pression sanguine. C'est ainsi que chez un canard, la pression moyenne qui était de 18 à 19 centimètres de mercure baissait rapidement à 12-13. La cause de cette baisse de pression consiste uniquement dans le ralentissement du cœur, car elle ne se produit plus quand l'animal est empoisonné par l'atropine (fig. 32) : la pression reste alors absolument stationnaire, ce qui est encore une preuve indirecte de l'absence d'accélérateurs cardiaques dans le tronc du vague. Quelques auteurs ont prétendu, que chez certains animaux, on pouvait encore produire une baisse de la pression sanguine après la paralysie des modérateurs cardiaques, et en ont conclu à l'existence de filets dépresseurs directs. Ces filets n'existent pas chez les oiseaux.

2° *Bout central.* — L'effet est différent suivant que l'autre pneumogastrique est intact ou qu'il est coupé. Quand il est intact (fig. 33), on observe une baisse de pression, qui résulte de l'effet modérateur réflexe de l'autre pneumogastrique ; quand il est coupé (fig. 34), on observe une hausse considérable de la pression (une dizaine de centimètres de mercure environ), qui est due à un réflexe vaso-constricteur.

Fig. 32. — Canard : influence de l'excitation du bout périphérique du pneumogastrique sur la pression sanguine. 1, normal; 2, atropine. T, temps en secondes.

Cette hausse de pression ne s'observe pas immédiatement, et a un retard assez considérable sur le début de l'excitation. Le premier effet que l'on observe, est même une baisse légère, due à l'arrêt de la respiration en inspiration (1), ce n'est qu'ultérieurement que la hausse se produit. Dans certains cas on n'observe pas de baisse, et la hausse se produit immédiatement (fig. 35); si l'on examine concurremment les effets respiratoires, on voit que dans ces cas, par suite d'une paralysie des fibres inspiratrices, l'arrêt se fait en expiration.

L'excitation du bout central du pneumogastrique, a donc chef les oiseaux les mêmes effets que chez la majorité des mammifères (on sait que chez le chat l'effet est inverse). On ne retrouve chez les oiseaux rien qui corresponde au dépresseur, ni comme nerf spécial ni comme filet contenu dans le tronc du vague.

Influence des sections du pneumogastrique.

1° *Section unilatérale.* — Au moment de la section, on observe une baisse assez considérable (4 à 5 centimètres de mercure) due probablement à l'irritation du nerf; puis la pression remonte lentement, et revient à son chiffre primitif (fig. 36'). Il n'y a pas hausse consécutive comme chez les mammifères, et comme nous avons vu que chez les oiseaux la section n'amène pas d'accélération du cœur, ceci démontre l'exactitude de l'interprétation de F. Franck, qui a attribué la hausse à cette accélération.

La pression reste constante les jours suivants.

2° *Section bilatérale.* — Au moment où l'on coupe le deuxième pneumogastrique, on voit se produire de nouveau une baisse de pression due aux mêmes effets que précédemment: puis cette pression remonte mais n'atteint plus son chiffre initial (fig. 36"). Si on l'examine quelques jours après, on voit qu'elle est restée inférieure à la normale. Chez les mammifères, aussitôt après la double section, la pression subit une hausse notable, mais elle baisse ultérieurement, ainsi que le fait a déjà été signalé incidemment par

___

(1) Chez les oiseaux, comme chez le lapin, et à l'inverse de ce que l'on observe chez le chien, la pression sanguine baisse à l'inspiration et monte à l'expiration.

Cl. Bernard (6). On voit qu'en somme, les phénomènes sont identiques, si l'on fait abstraction de la hausse momentanée due à l'accélération qui n'existe pas chez les oiseaux, et que la conséquence finale de la double section des vagues, est toujours, dans les

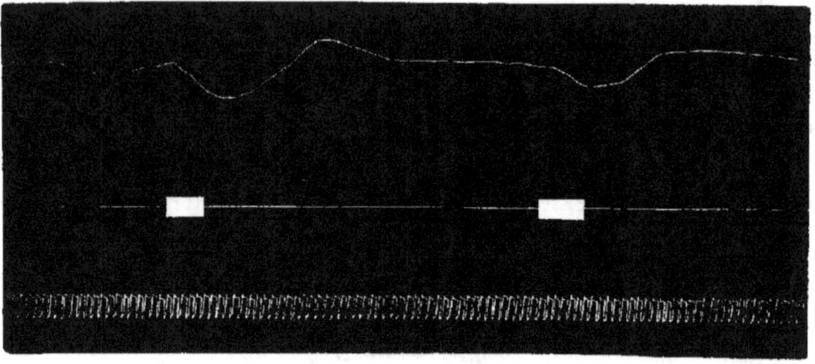

Fig. 33. — Canard : excitation du bout central d'un pneumogastrique, autre intact. Baisse réflexe de la pression.

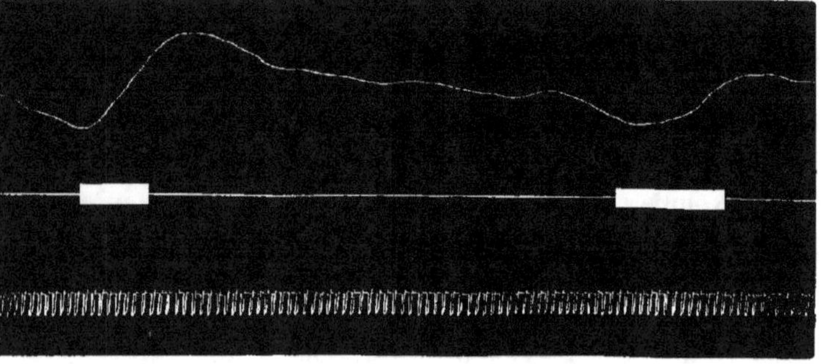

Fig. 34 — Canard : excitation du bout central d'un pneumogastrique, autre coupé. Baisse inspiratrice préalable, hausse ultérieure.

deux groupes, une baisse de pression. Les causes de cette baisse sont multiples; nous en verrons un certain nombre en étudiant les effets vaso-moteurs; signalons simplement pour le moment, une diminution de la teneur en eau du sang, qui est due à l'exagération des sécrétions biliaire, urinaire, intestinale et à une augmentation de l'exhalation de la vapeur d'eau par les poumons. Deux jours après la section, le sang (desséché à 100 degrés) ne contient plus chez un pigeon que 78 p. 100 d'eau au lieu de 82 p. 100 qui est la teneur normale moyenne.

Influence du laryngé supérieur. — L'excitation du bout central du laryngé supérieur produit si l'autre pneumogastrique est intact, une baisse de pression due au ralentissement réflexe du cœur. Si l'autre pneumogastrique est coupé, ou voit se produire une hausse (fig. 37). Cette dernière n'est jamais précédée d'une baisse préalable c'est qu'en effet l'excitation du laryngé produit toujours

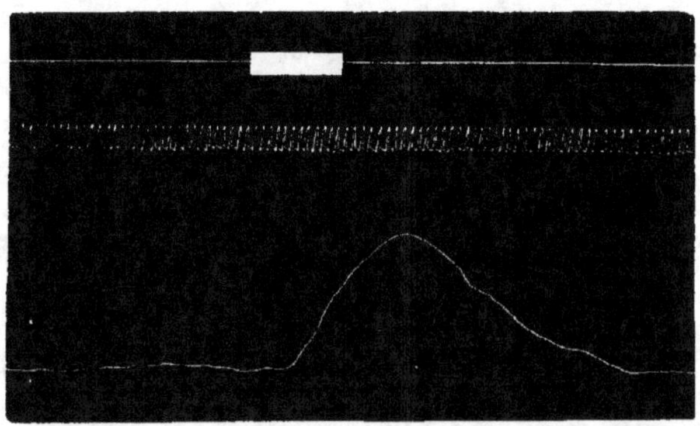

Fig. 35. — Canard : excitation du bout central d'un pneumogastrique, autre coupé. Pas de baisse de pression préalable par paralysie des fibres inspiratrices.

d'emblée comme nous l'avons démontré plus haut un arrêt respiratoire en expiration. Cette hausse de pression, est due en grande partie à un réflexe sensitif, car on voit se produire des phénomènes analogues par l'excitation d'un nerf cutané du cou (fig. 38).

Avant d'abandonner cette étude de l'action du pneumogastrique sur la pression sanguine, nous donnerons quelques chiffres relatifs aux effets vaso-constricteurs du bout central, quand on l'excite avec un courant déterminé (pile au bichromate, 3 Dubois-Reymond).

	Retard.		Durée de l'effet.
Canard : Durée de l'excitation. . .	11 secondes	4.5 secondes	40 secondes
— — — . . .	11 secondes	5 secondes	43 secondes

Le retard est un peu plus long que celui qui a été signalé par F. Franck chez les mammifères, la durée de l'effet un peu plus longue aussi ; il est vrai que nous avons prolongé l'excitation beaucoup plus longtemps.

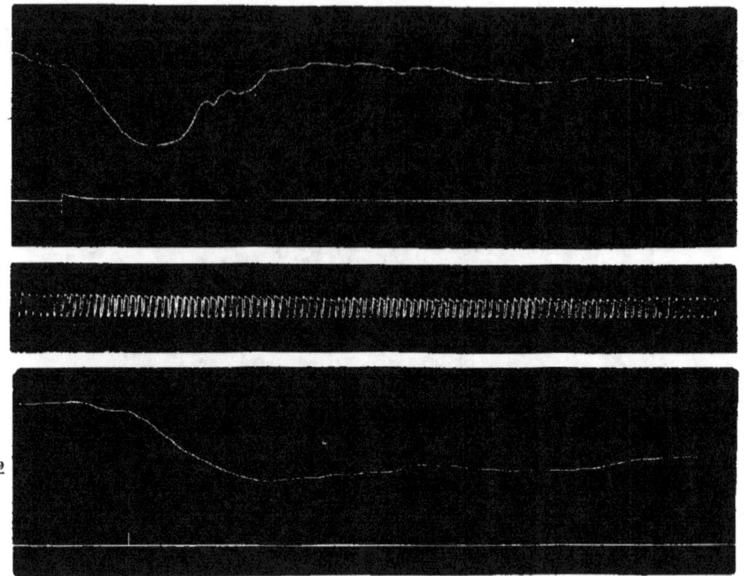

Fig. 36. — Canard : influence de la section des pneumogastriques sur la pression sanguine. 1, section du premier pneumogastrique ; 2, section du second. T., temps en secondes.

III. Effets vaso-moteurs.

Les résultats que nous venons de signaler relativement à la pression sanguine, nous ont révélé les effets vaso-moteurs dus à l'excitation du bout central. Il nous reste à voir ceux qui sont sous la dépendance du bout périphérique, qui sont directs et non réflexes, et ceux qui résultent de la section du nerf. Nous verrons que parmi ces derniers, il en est qui sont dus directement à l'action du pneumogastrique, et qui sont naturellement inverses des précédents ; et d'autres qui ne résultent qu'indirectement de la section, et sont les conséquences des conditions nouvelles dans lesquelles cette section a placé l'organisme.

1° *Effets directs produits par l'excitation du bout périphérique.* Les expériences ont porté sur le tube digestif, les reins et le foie.

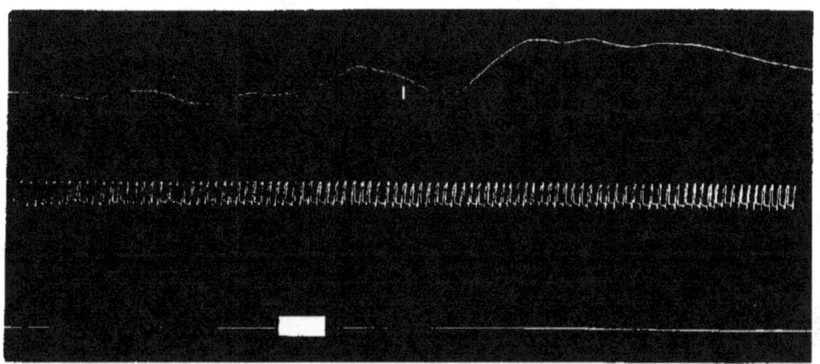

FIG. 37. — **Excitation du bout central du laryngé supérieur, autre pneumogastrique coupé. Hausse de pression en deux temps. 1, expiratrice ; 2, vaso-constrictive réflexe.**

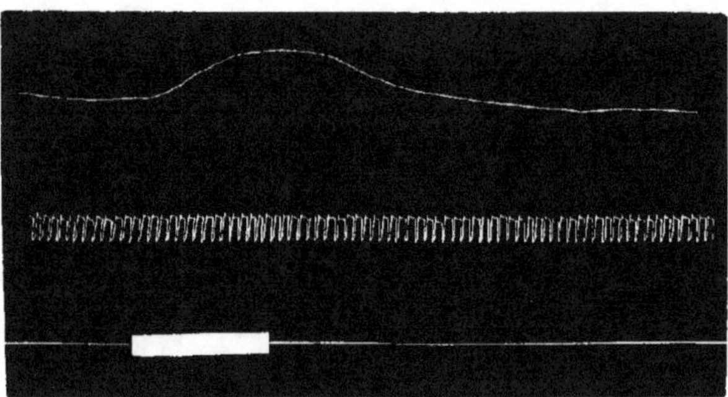

FIG. 38. — **Canard : hausse de pression sanguine déterminée par excitation d'un nerf cutané du cou.**

L'excitation du bout périphérique du pneumogastrique produit une vaso-constriction manifeste dans les vaisseaux de l'œsophage et du jabot.

Pour ce qui est de l'intestin, nous n'avons pu constater aucun effet, ce serait là une différence avec les mammifères chez lesquels MM. Arthaud et Butte ont admis récemment un effet vaso-constricteur, ajoutons pourtant que la plupart des auteurs sont dans le doute, et que certains même admettent un effet vaso-dilatateur (Rutherford). Dans ces conditions, l'estomac n'a pas non plus éprouvé d'effet marqué.

Quant au rein, l'excitation du bout périphérique provoque une contraction des vaisseaux ; ainsi que cela résulte manifestement de l'examen de l'urine excrétée, dont la teneur en eau est fortement diminuée.

Le foie n'a présenté rien de net, mais on sait combien il est difficile, à cause de la teinte foncée de cet organe, d'y apprécier des changements dans la vascularisation.

2° *Effets produits par la section des nerfs.*

Après la section des pneumogastriques, les vaisseaux de l'œsophage et du jabot sont extrêmement dilatés ; Phisalix (38), se basant sur une expérience d'ailleurs unique, admet une vaso-constriction ; mais ce résultat nous semble d'autant plus singulier, qu'il n'y avait qu'un pneumogastrique coupé, et que dans ce point les deux nerfs échangent et anastomosent leurs fibres en formant un riche plexus.

On observe après la double section une vaso-dilatation dans la rate. Des coupes (1) faites dans cet organe quelques jours après l'opération, et qui montrent les capillaires élargis et gorgés de sang, ne laissent aucun doute à cet égard. MM. Arthaud et Butte sont arrivés récemment aux mêmes conclusions en ce qui concerne les mammifères ; mais contrairement à l'opinion de ces auteurs, nous n'avons observé aucun effet sur le pancréas.

---

(1) On verra par la suite que nous nous sommes fréquemment servis de l'histologie pour apprécier les changements survenus dans les organes après la double section des vagues. Ces coupes ont toujours été faites sur des matériaux fixés *vivants* * dans la liqueur de Flemming, et inclus dans la paraffine. Les coupes colorées par un sulfoconjugué de la rosaniline étaient montées au baume. Nous sommes heureux, à ce propos, de pouvoir remercier ici notre excellent ami, M. Bataillon, préparateur de zoologie à la Faculté des sciences de Lyon, qui a bien voulu, dans ces études histologiques nous prêter le secours de ses connaissances spéciales.

* Quand ces précautions ne sont pas prises, les tissus sont tellement modifiés, qu'on a peine à comprendre comment certains auteurs ont recherché des modifications anatomo-pathologiques sur des sujets morts déjà depuis un certain temps.

Les reins présentent également une vaso-dilatation, ainsi que le montre l'examen des coupes, et indirectement l'analyse de l'urine : cette constatation ne fait que corroborer les résultats fournis par l'excitation du bout périphérique.

Enfin l'estomac, pour lequel l'excitation directe ne nous avait donné aucun résultat appréciable, présente une vaso-dilatation assez marquée, bien visible sur les coupes. Nous avons retrouvé ces résultats chez le lézard : si on le rapproche de ceux obtenus par MM. Arthaud et Butte sur les mammifères, on doit admettre que le pneumogastrique fournit dans la série des vertébrés des filets vaso-constricteurs à l'estomac.

Nous arrivons maintenant aux variations vaso-motrices, qui ne sont pour nous que la conséquence indirecte de la double section. Nous voulons parler de celles que l'on constate dans le foie et dans l'intestin.

Les capillaires du foie, quelques jours après l'opération, sont extrêmement dilatés (pl. iii, fig. 3 b. a. foie normal). On en a la preuve directe par l'examen des coupes faites dans cet organe, et indirecte par l'exagération de la transformation du glycogène en sucre (1). Cette dilatation, d'après nous, serait le résultat de l'excitation par le sang asphyxique du centre vaso-dilatateur du foie; on sait, en effet, d'après les travaux de M. Dastre (22) que toute asphyxie s'accompagne d'hyperglycémie. Cette interprétation nous semble d'autant plus naturelle, que la plupart des auteurs, parmi lesquels on peut citer Vulpian (43), se refusent à admettre une action vaso-motrice du pneumogastrique sur le foie.

Quelques jours après la double section, on trouve généralement l'intestin anémié, ainsi que le montrent l'examen direct des viscères et l'étude des coupes. L'excitation n'ayant donné aucun résultat, il semble bien que là encore on soit en présence d'une action indirecte.

---

(1) Celle-ci s'accompagne toujours de la vascularisation de l'organe. Voir Arthaud et Butte. Recherches sur le déterminisme du diabète pancréatique expérimental, (*Société de Biologie*, février 1890), et Recherches sur la nutrition intime du foie (*Société de Biologie*, octobre 1889).

Celle-ci ne serait autre pour nous que l'asphyxie. On sait en effet, comme l'ont établi Dastre et Morat (24), que sous l'influence du sang asphyxique, la plupart des vaisseaux abdominaux, et en particulier, ceux de l'intestin sont contractés.

Chez les mammifères, MM. Arthaud et Butte ont constaté une hyperhémie ; cependant Schiff .(44) et Vulpian (43) sont d'accord pour nier toute action directe du pneumogastrique sur la circulation intestinale (1).

Conclusions.

1° Chez les oiseaux, l'excitation du bout périphérique du vague produit très difficilement un arrêt du cœur : cette difficulté semble tenir à la faible excitabilité des fibres modératrices, car :

2° Le pneumogastrique ne semble pas contenir des fibres accélératrices, l'excitation après l'empoisonnement par l'atropine n'amenant aucun résultat.

3° Les fibres modératrices ne suivent pas d'autre voie que le tronc des pneumogastriques, car l'empoisonnement par l'atropine n'amène aucune accélération après la double section des vagues.

4° Il n'existe pas normalement de tonus modérateur, la section soit unilatérale, soit bilatérale n'amène pas d'accélération cardiaque.

5° L'excitation du bout périphérique du pneumogastrique produit une baisse de la pression sanguine qui est due uniquement au ralentissement du cœur : après empoisonnement par l'atropine on n'a plus aucun effet.

6° L'excitation du bout central du nerf et du laryngé produit une hausse considérable de pression quand on se met à l'abri des réflexes modérateurs : cette hausse est due à une vaso-constriction réflexe, dont le temps perdu est assez considérable (4-5 se-

---

(1) Cependant chez les sauriens le pneumogastrique exerce une action vaso-constrictive très nette sur les vaisseaux de l'intestin.

condes) et dont la durée est assez longue (40 secondes environ).

7° Il n'existe pas chez les oiseaux de nerf comparable au nerf de Cyon.

8° Le pneumogastrique fournit au cœur des filets sensibles dont l'existence est révélée par des excitations de l'endocarde.

9° Le pneumogastrique fournit chez les oiseaux des filets vaso-constricteurs à l'œsophage, au jabot, à l'estomac, aux reins et à la rate.

10° Il produit indirectement, par suite des phénomènes asphyxiques que sa double section détermine, des effets vaso-moteurs dans le foie et l'intestin.

III. — INFLUENCE SUR LA DIGESTION

Nous diviserons cette étude en trois parties : effets mécaniques, effets chimiques, réflexes du bout central.

I. Effets mécaniques.

Le pneumogastrique exerce une action motrice très nette sur toute la partie antérieure du tube digestif, jusqu'à l'estomac inclusivement. Pour ce qui est de l'intestin, nous n'avons obtenu aucun résultat décisif, et nous nous en tenons à l'opinion de Cl. Bernard, qui fait arrêter au gésier l'action motrice du pneumogastrique chez les oiseaux (6) : chez les mammifères, on sait que d'après Chauveau cette action s'arrêterait également à l'estomac (1).

Trois nerfs se distribuent chez les oiseaux au tube digestif : le pneumogastrique proprement dit, qui s'étend jusqu'au gésier où il va se perdre dans un plexus analogue au plexus solaire; le pha-

(1) MM. Arthaud et Butte admettent des mouvements dans l'intestin (Du nerf pneumogastrique, 1892).

ryngo-œsophagien qui se distribue au pharynx et à la partie supérieure de l'œsophage ; enfin l'hypoglosse qui se distribue uniquement dans le pharynx. Nous avions à établir la part qui revient à chacun de ces trois nerfs dans l'innervation motrice du tube digestif.

INFLUENCE DES EXCITATIONS. — 1° *Pneumogastrique proprement dit.* — Si l'on excite le bout périphérique de ce nerf, au-dessous de sa branche pharyngo-œsophagienne, on voit se produire immédiatement des contractions dans le jabot (ou chez les oiseaux qui en manquent dans la partie inférieure de l'œsophage) ainsi que dans l'estomac. La partie supérieure de l'œsophage reste immobile. La contraction du jabot est due à un filet qui est l'analogue par son origine du récurrent des mammifères ; celle de l'estomac est due à des filets se détachant directement du tronc du pneumogastrique.

2° *Pharyngo-œsophagien.* — L'excitation du bout périphérique de ce nerf, produit, comme l'a déjà constaté Chauveau (14), des contractions dans le pharynx et dans la partie supérieure de l'œsophage : ces contractions consistent en une véritable tétanisation : comme le pharyngo-œsophagien se détache du pneumogastrique après son anastomose avec le glosso-pharyngien, il importait de rechercher la part, qui revient dans ces contractions à chacun de ces nerfs. Pour cela, nous avons excité successivement leur bout périphérique au-dessus de l'anastomose.

a.) *Excitation du pneumogastrique :* le pharynx et l'œsophage se contractent.

b.) *Excitation du glosso-pharyngien :* on n'obtient aucun résultat.

On peut donc conclure que les fibres motrices du pharynx et de l'œsophage viennent toutes du pneumogastrique, et que le glosso-pharyngien n'en fournit aucune.

3° *Hypoglosse.* — L'excitation du bout périphérique de ce nerf produit des contractions du pharynx. Comme il reçoit une anastomose du pneumogastrique, nous avons fait porter l'excitation au-dessus de cette anastomose : dans cette condition, les mêmes

effets se sont produits. Ils sont donc dus directement à l'hypoglosse.

Influence des sections. — Après la double section, la motricité
est cependant conservée dans l'œsophage, et les aliments poussés
par les contractions de ce conduit pénètrent facilement jusque
dans le jabot, qui, paralysé, se laisse distendre outre mesure. On
sait pourtant qu'après la section des pneumogastriques, la motricité se trouve abolie dans la totalité de l'œsophage, même dans les
points qui sont situés au-dessus de la section, chez le cheval et le
lapin. Chauveau (14) qui a fait cette constatation, l'explique par la
section des fibres centripètes contenues dans le tronc du nerf.
D'après ce qui précède, nous devons donc supposer que les fibres
sensitives œsophagiennes ne sont pas contenues dans le tronc du
vague chez les oiseaux : nous le prouverons d'une manière plus
irréfutable en étudiant les réflexes du bout central.

Si l'on fait la section des pneumogastriques non plus au cou,
mais près de la sortie du crâne, tout l'œsophage se trouve paralysé
en même temps que l'estomac ; mais le pharynx, grâce aux fibres
de l'hypoglosse qui entre dans la constitution du plexus pharyngien, est encore susceptible de mouvements.

II. Effets chimiques.

Pour étudier ces effets, nous avons cherché ce que devenaient
les aliments dans le jabot, l'estomac et l'intestin, après la double
section des vagues : et l'influence que cette double section exerçait sur les différents sucs digestifs, particulièrement la bile, le suc
gastrique, le suc pancréatique et le suc intestinal.

Jabot. — Les aliments s'y accumulent outre mesure, et par cette
accumulation viennent comprimer plus ou moins la trachée. Cette
compression favorise les phénomènes asphyxiques, et nous avons
souvent remarqué que les animaux qu'on laissait manger, mou-
raient beaucoup plus vite que ceux qu'on laissait à jeun.

Normalement les aliments subissent dans le jabot un commencement de digestion, les féculents notamment commencent à y être transformés en glucose. Après la double section on ne trouve plus trace de sucre dans le contenu du jabot : par contre, les aliments y subissent un commencement de fermentation putride, ils exhalent une forte odeur d'acide butyrique, due probablement à l'activité du *bacillus amylobacter* introduit avec les aliments. Les phénomènes digestifs sont donc troublés au point de vue chimique dès le jabot. Ces troubles coïncident avec certaines particularités histologiques. On trouve en bas du jabot, au point où il communique avec le ventricule succenturié, de gros plis renfermant dans leur épaisseur des glandes assez volumineuses, qui sécrètent les sucs digestifs de ce jabot. Après la double section, ces glandes ont subi une dégénérescence manifeste, et qui est certainement en rapport avec les faits signalés plus haut. On remarque simultanément un épaississement très marqué de l'épithélium, qui se desquame abondamment. Cet épaississement est peut-être en rapport avec la faible absorption des liquides introduits dans le jabot : ceux-ci, en effet, y séjournent comme les aliments solides, et on les voit s'écouler par le bec, quand on place l'animal la tête en bas. Même quand on ne laisse pas boire l'animal, le jabot se remplit de liquide, qui est dû probablement dans ce cas à une hypersécrétion paralytique des glandes du jabot.

Estomac. — Nous avons opéré sur les oiseaux qui présentent l'estomac le plus complexe, nous voulons parler des granivores, qui possèdent un ventricule succenturié et un gésier.

Quand on fait l'autopsie d'un de ces animaux après la double section des vagues, on trouve, si l'animal avait mangé peu de temps avant l'opération, le ventricule et le gésier pleins d'aliments à peine modifiés, mais non putréfiés. Souvent à ces aliments se trouve mêlé un peu de bile, qui remonte même parfois jusque dans le jabot. Il est donc évident qu'il y a arrêt complet de la digestion gastrique, ainsi que Claude Bernard l'avait déjà remarqué sur des pigeons.

Mais cet arrêt a-t-il pour cause un manque de sécrétion du suc gastrique.

Avant de répondre à cette question, nous croyons utile de nous arrêter un moment sur la digestion gastrique normale des oiseaux, qui est l'objet d'un certain nombre de controverses, qu'il nous fallait forcément élucider avant d'entreprendre nos recherches.

On a admis longtemps que chez les oiseaux à estomac composé, le proventricule seul présidait aux phénomènes chimiques de la digestion et que le gésier ne jouait qu'un rôle de trituration. M. Jobert (30) le premier, ayant constaté que les parois du gésier ont une réaction acide très vive, pensa qu'il jouait un rôle dans la digestion proprement dite : il lui attribua même un rôle exclusif, assurant qu'on n'avait jamais pu obtenir de digestion avec le liquide dans lequel on avait fait macérer la muqueuse du proventricule. En présence de ces opinions contradictoires, nous avons institué un certain nombre d'expériences, dont voici les résultats consignés déjà dans une publication antérieure (21).

1° La réaction normale du proventricule est neutre : elle est parfois légèrement acide, mais c'est une acidité d'emprunt qui lui vient des glandes du jabot;

2° La réaction normale du gésier est fortement acide;

3° Si l'on met à macérer dans de l'eau tiède les muqueuses du proventricule et du gésier, et qu'on laisse digérer à l'étuve de petits cubes d'albumine dans les liquides obtenus, on constate par les réactifs des peptones (bichlorure de mercure, nitrate d'argent, tannin, acide phosphomolybdique).

a.) Pas de digestion avec le liquide résultant de la macération de la muqueuse du proventricule (sauf dans le cas où il y a une réaction acide).

b.) Digestion avec le liquide résultant de la macération de la muqueuse du gésier (peu abondante).

Si l'on mélange les deux liquides et qu'on opère comme précédemment, on constate :

c.) Digestion abondante.

Si l'on ajoute de l'acide chlorhydrique au liquide résultant de la macération de la muqueuse du proventricule, on a :

d.) Digestion abondante.

Si le corps mis en digestion dans le suc artificiel du proventricule est susceptible de s'acidifier par fermentation comme le lait, on observe :

e.) Digestion abondante.

La conséquence de ces faits, est que le proventricule sécrète de la pepsine, et le gésier de la pepsine et de l'acide. Mais la digestion étant moins parfaite avec le liquide du gésier qu'avec celui du proventricule additionné d'acide chlorhydrique, on peut admettre que le proventricule est chargé spécialement de la sécrétion de la pepsine, et le gésier de celle de l'acide. Ce n'est pas là le premier exemple de cette division du travail, et on sait que chez la grenouille c'est l'œsophage qui sécrète la pepsine, et l'estomac l'acide.

Si maintenant on répète les digestions artificielles énumérées plus haut, avec les mêmes muqueuses cinq ou six jours après la double section des vagues, on obtient exactement les mêmes résultats. Le suc gastrique artificiel est même plus actif que précédemment, ce qui fait tomber l'objection que l'on pourrait faire, à savoir que l'action digestive est due au liquide sécrété avant la double section.

D'autres faits, d'ailleurs, fournis par l'examen histologique, viennent au-devant de cette objection.

Si l'on compare des coupes de la muqueuse du proventricule normal, avec celles de ce même proventricule plusieurs jours après la double section, on trouve entre elles une grande différence : Dans les coupes normales (pl. III, fig. 2 a), les cellules glandulaires qui forment par leur ensemble les glandes pepsiques composées, sont relativement petites et espacées. Dans les autres (pl. III, fig. 2 b), elles sont au contraire très grosses, par suite d'une accumulation des produits fabriqués, ce qui explique bien l'accroissement des propriétés digestives de la muqueuse, mais ce qui détruit complètement l'opinion d'après laquelle la double section des vagues arrêterait la production du suc gastrique.

Ce n'est pas sa *production* qu'elle arrête, mais son *excrétion*. On désigne souvent sous le nom de sécrétion, l'acte par lequel une cellule glandulaire se débarrasse des produits accumulés dans son sein, et sous celui d'excrétion, l'acte par lequel les produits de sécrétion sont conduits à l'extérieur par un canal. Nous trouvons plus rationnel d'admettre que la sécrétion n'est pas ce phénomène souvent purement passif, par lequel les produits sécrétés se séparent de la cellule qui les a produits, mais bien l'acte tout vital, par lequel une cellule glandulaire forme dans son sein les produits qui doivent être déversés au dehors. L'excrétion est alors le processus employé par la cellule pour se débarrasser du produit sécrété. Nous suivons en ceci l'opinion de Ranvier et de Van Gehuchten (28).

Les mots de sécrétion et d'excrétion étant pris dans le sens expliqué ci-dessus, nous voyons que la double section des pneumogastriques, n'arrête pas la sécrétion des cellules gastriques qui renferment en abondance le ferment digestif, mais entrave plus ou moins leur excrétion, puisque ces cellules sont gonflées de leur produit beaucoup plus qu'à l'état normal. Il est probable que la paralysie de la *muscularis muscosœ* est pour beaucoup dans cette entrave à l'excrétion.

On comprend maintenant la coexistence de ces deux faits en apparence contradictoires : persistance de la sécrétion gastrique, et absence de toute digestion stomacale.

Nous pensons que ces vues nouvelles sur le mode d'action du pneumogastrique sur la sécrétion stomacale, permettent d'élucider les différentes opinions contradictoires qu'on a émises à ce sujet, et qui viennent simplement de ce qu'au lieu d'examiner la muqueuse au point de vue histologique et au point de vue de son action digestive, on a voulu recueillir par une fistule le produit de la sécrétion.

Certaines expériences faites sur d'autres glandes ont déjà fait émettre l'hypothèse de nerfs sécrétoires et excrétoires. Le pneumogastrique ne serait pas le nerf de la sécrétion gastrique, mais celui de son excrétion. Les faits signalés par Vulpian et Cl. Bernard, qui ont vu lors de l'excitation du vague la muqueuse stomacale se couvrir de gouttelettes de liquide, rentrent parfaitement dans cet ordre d'idées.

Les causes qui produisent l'arrêt de la digestion gastrique, après la double section des vagues, sont d'ailleurs multiples.

Outre l'arrêt de l'excrétion du suc gastrique, il faut, en effet, citer encore la paralysie de l'organe stomacal, qui ne peut plus brasser les aliments, ce qui, chez les oiseaux, est de la plus haute importance, surtout chez les granivores que nous avons pris comme sujet d'étude. Chez ces derniers, en effet, les phénomènes chimiques de la digestion gastrique sont relativement peu importants, et si les aliments se trouvaient broyés et chassés dans l'intestin, dont les propriétés digestives sont, comme nous le verrons, complètement conservées, la nutrition serait à peine troublée.

Nous avions pensé tout d'abord que la présence de la bile, qu'on rencontre fréquemment dans le gésier et le proventricule, était encore une cause de l'arrêt de la digestion stomacale; mais les expériences de M. Dastre (**23**) ont montré que la présence de la bile dans l'estomac n'entravait en rien la digestion. Le seul effet de cette bile est d'empêcher la putréfaction des aliments, qu'on rencontre la plupart du temps absolument intacts.

En résumé, si la digestion gastrique se trouve arrêtée chez les oiseaux, ce n'est pas par suite d'un arrêt de production du suc gastrique ou d'une sécrétion paralytique inactive, c'est par suite d'une non-excrétion : c'est aussi la conséquence de la paralysie de l'organe stomacal, cette paralysie étant d'ailleurs peut-être la cause de l'arrêt de l'excrétion.

Intestin. — Si l'on ouvre l'intestin quelques jours après la double section des pneumogastriques, on le trouve généralement vide d'aliments, ce qui prouve que la digestion intestinale n'a subi aucune atteinte. Il est souvent plus ou moins rempli de bile et de mucus, et ce sont ces produits qui constituent exclusivement les fèces devenues très liquides dans les derniers jours. La persistance de la digestion intestinale n'a rien qui doive nous étonner, si l'on songe que l'intestin a gardé toute sa motricité, et que la sécrétion pancréatique n'a subi aucune atteinte, comme on peut s'en assurer facilement en préparant avec la glande un suc artificiel. Ce suc digère activement les albuminoïdes, les féculents et les graisses, absolument comme avant l'opération. Quant à la sécrétion biliaire, elle se trouve notablement accrue. La vésicule, chez les oiseaux qui en possèdent une, est toujours fortement distendue, et la sécrétion se répand avec tant d'abondance dans le tube intestinal, qu'elle remplit tout ce tube, remontant parfois jusque dans le jabot. Ce résultat, conforme à celui qui a été obtenu par d'autres expérimentateurs, notamment par Vulpian (1) sur des mammifères, n'est que la conséquence de l'hyperhémie du foie. La bile, dans ces conditions, a présenté fréquemment une réaction acide.

Il semble enfin que les glandes muqueuses de l'intestin présentent une hypersécrétion, car le mucus rejeté avec les fèces est très abondant, et l'intestin, comme nous le disïons plus haut, en est souvent rempli (2). Les glandes ne présentent au point de vue histologique rien de bien saillant, sauf peut-être la présence fréquente à l'orifice des cellules caliciformes de gouttelettes de mucus. Cette hypersécrétion semblerait parler en faveur d'une vaso-dilatation, mais nous n'avons jamais pu constater directement cette dernière.

L'hypersécrétion muqueuse n'est pas localisée exclusivement dans l'intestin, on la retrouve nettement dans l'estomac, le jabot, l'œsophage, bref dans tout le tube digestif : elle s'accompagne fréquemment d'une desquamation abondante, qui est surtout visible dans les coupes du jabot et du ventricule succenturié.

Nous avons examiné soigneusement sur des coupes pratiquées à différents niveaux (jabot, ventricule, gésier, intestin) si les pneumogastriques n'exerçaient pas une influence trophique quelconque sur le tube digestif. Nous n'avons jamais rien constaté d'anormal sauf peut-être un certain épaississement de la muqueuse. Il y a loin de ces résultats à ceux signalés par MM. Arthaud et Butte sur les mammifères (2); il est vrai que ces auteurs ont employé le procédé des névrites, et nous pensons que l'inflammation du nerf

(1) Voir aussi Arthaud et Butte. Influence du nerf vague sur la sécrétion biliaire, *Comptes rendus, Société Biologie*, 1888 et 1890 et du nerf pneumogastrique, 1892.

(2) Il semble bien que le pneumogastrique ait une action particulière et directe sur la sécrétion intestinale, car la section d'un seul de ces nerfs produit une diar-

doit changer beaucoup les résultats normaux. Nous reviendrons d'ailleurs plus tard sur cette question.

III. Réflexes du bout central.

Ces réflexes sont les uns moteurs, les autres sécrétoires.

Si l'on excite le bout central du tronc du pneumogastrique, on voit survenir des nausées et des vomissements, surtout si l'animal a mangé. En même temps se produit une abondante sécrétion de salive et de mucus œsophagien, qui contribue encore à la suffocation de l'animal. Inutile d'insister sur ces phénomènes, qui sont absolument identiques à ceux qu'on a observés chez les mammifères.

Ce qu'il importe de noter, c'est que les phénomènes de nausée et de régurgitation sont surtout marqués quand l'un des nerfs est déjà coupé. Il suffit alors de tirailler l'autre même légèrement, pour provoquer immédiatement les vomissements. Comme dans ces conditions l'estomac se trouve privé de la majorité de ses filets moteurs, cette dernière observation prouve un fait assez intéressant, c'est que chez les oiseaux comme chez les mammifères ce n'est pas l'estomac qui joue un rôle essentiel dans le vomissement.

Si l'on observe directement l'œsophage dans sa région supérieure pendant l'excitation du bout central du nerf, on voit qu'il n'est le siège d'aucun mouvement. Les fibres sensitives destinées à cette région ne sont donc pas contenues dans le tronc du pneumogastrique. Si l'on excite au contraire le bout central du pharyngo-œsophagien (l'autre étant intact) on voit survenir des contractions péristaltiques dans l'œsophage. Mais pour obtenir ce résultat, il faut que l'excitation porte au-dessus du point où se détache le nerf laryngé. C'est donc ce trajet nerveux que suivent les fibres sensi-

---

rhée très nette, non seulement chez les oiseaux mais encore chez les mammifères : nous avons pu particulièrement le constater sur des lapins et des marmottes. Pourtant il est à noter que la diarrhée, dans le cas de section d'un seul nerf, n'est que temporaire.

tives; elles se détachent ensuite du tronc du laryngé et viennent se terminer dans le plexus pharyngien.

Nous avons recherché si ces fibres sensitives appartenaient au vague ou au glosso-pharyngien : la recherche était facile, l'anastomose des deux nerfs étant chez les oiseaux très volumineuse et très accessible. Le résultat des excitations démontre que les fibres sensitives viennent du glosso-pharyngien. Il serait intéressant, mais beaucoup moins aisé, de rechercher si chez les mammifères il en est également ainsi. On sait que chez eux les fibres œsophagiennes se détachent plus ou moins haut, mais toujours au-dessous de l'anastomose avec le glosso-pharyngien : il est donc probable qu'on retrouverait les résultats que nous signalons ici.

CONCLUSIONS.

1° Le tronc du pneumogastrique fournit des filets moteurs à l'estomac.

2° Les filets moteurs du jabot sont fournis par un nerf analogue au récurrent.

3° Ceux de l'œsophage et du pharynx sont fournis par le pharyngo-œsophagien (fibres provenant du vague) et par l'hypoglosse.

4° La section des vagues produit l'arrêt de la digestion gastrique, mais simplement en arrêtant *l'excrétion* du suc gastrique et non sa sécrétion. Ces effets sont dus probablement à la paralysie de l'estomac. Cette entrave aux phénomènes chimiques de la digestion est d'ailleurs beaucoup moins importante que celle apportée aux fonctions mécaniques de l'estomac, qui chez un grand nombre d'oiseaux est surtout broyeur.

5° La digestion intestinale n'est entravée en rien par la double section des vagues : la sécrétion pancréatique n'est pas atteinte, la sécrétion biliaire est exagérée.

6° On constate une hypersécrétion muqueuse, avec desquamation épithéliale, tout le long du tube digestif après double section des pneumogastriques, mais on ne constate aucun trouble trophique.

7° L'excitation du bout central du pneumogastrique provoque des nausées avec sécrétion de salive et de mucus œsophagien.

8° Les filets sensitifs de l'œsophage sont des filets d'emprunt dus au glosso-pharyngien.

IV. — INFLUENCE SUR LA SÉCRÉTION URINAIRE

Les expériences d'Arthaud et Butte (3) et de Masius (35), ont montré que chez les mammifères l'excitation du bout périphérique du pneumogastrique produisait un ralentissement de la sécrétion urinaire, et que cet effet était dû à une vaso-constriction des vaisseaux du rein. De plus, les deux premiers expérimentateurs prétendent que lorsqu'on fait porter l'excitation sur un seul nerf, le ralentissement ne se produit que du côté excité, et qu'il y a même parfois exagération de sécrétion de l'autre côté ; tandis que le troisième admet que l'excitation d'un seul pneumogastrique agit également sur les deux reins.

Nous avons voulu voir si chez les oiseaux on pouvait constater des effets analogues. Nous n'avons pas borné là notre étude, et nous avons examiné en outre la composition de l'urine, surtout au point de vue de l'acide urique, qui en forme le sédiment principal, sous la forme libre et sous celle d'urate d'ammoniaque.

Les animaux en effet sur lesquels nous avons opéré (poule et oie) ont une urine dépourvue d'urée.

Nous ne nous sommes pas borné à étudier l'effet de l'excitation du nerf, nous avons eu surtout recours aux sections, soit unilatérales, soit plus souvent bilatérales, qui nous ont donné des renseignements plus précis, les observations dans ce cas pouvant se poursuivre pendant plusieurs jours.

Le procédé opératoire que nous avons suivi pour recueillir l'urine, est le suivant. On fend le cloaque de l'animal, de manière à mettre à nu les orifices des uretères, et les lèvres du cloaque étant maintenues écartées à l'aide de pinces, on recueille dans un verre de montre les gouttelettes d'urine qui viennent sourdre de temps en temps à l'orifice des uretères. On peut recueillir soit séparément, soit simultanément les produits d'excrétion des deux reins.

Nous avons eu recours à la pesée pour déterminer les quantités d'urine excrétée dans un temps déterminé (un quart d'heure ou une demi-heure suivant l'abondance de la sécrétion).

Nous nous sommes servi du même procédé pour déterminer la teneur en eau et le résidu sec (à 100 degrés).

Le dosage de l'acide urique a été fait de la façon suivante :

Un poids déterminé de résidu sec était traité par une solution bouillante de potasse, puis par l'acide chlorhydrique.

Le précipité d'acide urique recueilli sur un filtre, soigneusement lavé et desséché à 100 degrés, était ensuite pesé.

Nous allons examiner successivement l'influence du pneumogastrique sur la quantité d'urine excrétée sur sa teneur en eau, et sur sa teneur en acide urique.

I. Quantité d'urine.

Nos premières expériences ont été faites par un procédé un peu grossier, mais qui permet néanmoins de se rendre compte des variations dans la quantité d'urine et d'en déterminer le sens en plus ou en moins. Les orifices des uretères étant mis à nu, on comptait simplement le nombre des gouttes qui venaient sourdre à ces orifices pendant un temps donné (dans le cas présent un quart d'heure).

Expérience.

Poule dont le pneumogastrique droit avait été coupé la veille.

Nombre de gouttes : côté droit, 18 ; côté gauche, 16.

On excite le pneumogastrique gauche dans sa continuité.

Côté droit, 15 ; côté gauche, 12.

On sectionne le pneumogastrique gauche et l'on excite son bout périphérique.

Côté droit, 8 ; côté gauche, 7.

On cesse les excitations, la sécrétion devient plus abondante, surtout du côté où la section vient d'être faite (côté gauche).

Il ressort de ces faits : 1° que la section d'un pneumogastrique augmente la quantité d'urine sécrétée, surtout du côté où l'on a fait la section.

2° Que l'excitation du nerf (soit continuité, soit bout périphérique) provoque une diminution de sécrétion des *deux côtés*, mais surtout du côté où porte l'excitation. Nous retrouvons donc chez les oiseaux les faits signalés par Masius chez les mammifères, en y ajoutant une preuve de plus, l'augmentation de la sécrétion après section.

Dans les autres expériences que nous avons faites, nous avons pesé l'urine : les résultats sont donc plus précis que dans cette expérience préliminaire.

1° Expérience sur une poule (on recueille à part la sécrétion des deux reins).

TABLEAU I (1)

OBSERVATIONS	1° ANIMAL NORMAL	2° 1/2 heure après pneumogastrique gauche coupé	3° LENDEMAIN
	grammes	grammes	grammes
Quantité d'urine par 1/4 d'heure.	0.185	0.270	0.435
à gauche.	0.0925	0.150	0.225
à droite	0.0925	0.120	0.210

(1) Avec un seul pneumogastrique coupé, la sécrétion redevient normale au bout de quelques jours.

2° *Expérience sur une poule (on recueille simultanément
la sécrétion des deux reins).*

TABLEAU II.

OBSERVATION	1° ANIMAL NORMAL	2° 1/2 h. après pneumo- gastrique droit coupé	3° 1/2 h. après 2 pneumo- gastriques coupés	4° LENDE- MAIN
Quantité d'urine par 1/2 heure.	gramme 0.870	gramme 0.872	gramme 1.010	gramme 1.022

3° *Expérience sur une poule
(on recueille simultanément la sécrétion des deux reins).*

TABLEAU III.

OBSERVATIONS	1° ANIMAL NORMAL.	2° 1/2 heure après deux pneumo- gastriques coupés.	3° LENDE- MAIN
Quantité d'urine par 1/2 heure. .	grammes 0.685	grammes 0.775	grammes 0.340

4° *Expérience sur une oie
(on recueille simultanément la sécrétion des deux reins).*

TABLEAU IV.

OBSERVATIONS	ANIMAL NORMAL	1/2 heure après 2 pneum. gastr. coupés.	LEN- DEMAIN	JOURS APRÈS		
				2	3	4
Quantité d'urine par 1/2 heure.	grammes 5.610	grammes 6.464	grammes 2.605	grammes 2.335	grammes 1.942	grammes 2.002

Les résultats consignés dans ces tableaux concluent dans le même sens que notre expérience préliminaire. Nous pouvons, de plus, faire dès à présent une remarque qui aura son explication plus tard : c'est que si l'on voit immédiatement après la section la quantité d'urine excrétée augmentée, ultérieurement cette quantité diminue, et tombe même au-dessous de la normale (1).

II. — Teneur en eau.

Nous consignons dans les tableaux ci-après les résultats des expériences.

1° Expérience sur une poule
(on recueille à part les sécrétions des deux reins).

TABLEAU I.

OBSERVATIONS	ANIMAL NORMAL	1/2 heure après pneumo-gastr. gauche coupé.	LENDE-MAIN
	grammes	grammes	grammes
Résidu sec total par 1/4 d'heure.	0.035	0.045	0.070
A gauche.	0.0175	0.020	0.030
A droite	0.0175	0.025	0.040
Proportion totale d'eau p. 100 . .	81.1	83	84
A gauche.	81.1	86	86,7
A droite	81.1	80	81

Nous aurons à revenir sur ce premier tableau, qui présente quelques particularités intéressantes.

(1) Nous ajouterons que chez l'animal qui a fourni les résultats consignés dans le tableau I, une forte excitation du bout périphérique du pneumogastrique gauche, a amené des deux côtés l'arrêt complet de la sécrétion. Il semble que cet arrêt soit plus facile à obtenir quand l'autre pneumogastrique est intact, que lorsqu'il est coupé.

2° Expérience sur une poule.

Tableau II.

OBSERVATIONS	ANIMAL NORMAL	1/2 heure après deux pneumo-gastriques coupés.	1 heure après.
	grammes	grammes	grammes
Proportion d'eau p. 100	84.2	88.3	91.5

3° Expérience sur une poule
(sécrétions des deux reins recueillies simultanément).

Tableau III.

OBSERVATIONS	ANIMAL NORMAL	1/2 heure après pneumo-gastr. droit coupé.	1/2 heure après 2 pneum. gastr. coupés.	LENDE-MAIN
	grammes	grammes	grammes	grammes
Résidu sec par 1/2 heure	0.100	0.092	0.070	0.082
Eau p. 100.	88.5	89.4	93	92

Le surlendemain, l'urine ne renfermait plus que 70 p. 100 d'eau.

4° Expérience sur une poule
(sécrétions des deux reins recueillies simultanément).

Tableau IV.

OBSERVATIONS	ANIMAL NORMAL	1/2 heure après deux pneumo-gastriques coupés.	LENDE-MAIN
	grammes	grammes	grammes
Résidu sec par 1/2 heure	0.045	0.045	0.030
Eau p. 100	93.4	94.2	91.1

5° Expérience sur une oie
(sécrétions des deux reins recueillies simultanément).

TABLEAU V.

OBSERVATIONS	ANIMAL NORMAL	1/2 heure après 2 pneum. gastr. coupés.	LENDE-MAIN	JOURS APRÈS		
				2	3	4
	grammes	grammes	grammes	grammes	grammes	grammes
Résidu sec par 1/2 h.	0.330	0.330	0.220	0.235	0.177	0.152
Eau p. 100	94.1	94.9	91.6	89	90.9	92.4

Le résultat de l'examen de ces divers tableaux est qu'on voit généralement augmenter, peu de temps après la double section, la quantité de résidu sec de l'urine excrétée dans un temps donné. Cette quantité cependant n'augmente pas en proportion de la quantité d'urine, puisqu'on voit simultanément la teneur en eau devenir plus grande (1). De plus, au bout d'un laps de temps qui varie avec les animaux, on voit au contraire baisser la quantité de résidu sec, mais moins vite que la quantité d'urine, puisque la teneur en eau diminue.

Avant de chercher à expliquer ces phénomènes, revenons un peu sur l'expérience résumée dans le tableau I. Dans cette expérience, on recueillait à part les produits de la sécrétion des deux reins. Or, tandis que du côté où le pneumogastrique était coupé, on voyait augmenter non seulement la quantité d'urine, mais encore la proportion d'eau, du côté où il était intact, la quantité d'urine était simplement augmentée, la proportion d'eau restant la

(1) Grâce à l'abondance de l'eau dans l'urine, celle-ci change complètement d'aspect quelques heures après la double section, elle devient complètement liquide, au lieu d'être pâteuse comme d'habitude. Elle ne peut plus s'accumuler dans la poche du cloaque et coule sans cesse goutte à goutte par l'orifice externe de celui-ci.

même. Ce fait indique nettement que la section unilatérale a une influence prépondérante sur le côté où la section a eu lieu.

L'opinion généralement admise relativement au mécanisme de la sécrétion urinaire, c'est que l'eau est éliminée au niveau des capsules de Bowmann, et les produits spécifiques au niveau des tubuli contorti. On a trouvé en effet chez les oiseaux, et nous l'avons constaté nous-même, des cristaux d'acide urique dans l'épithélium de ces tubes.

Or, après la double section des pneumogastriques, on voit augmenter notablement l'urine excrétée, et surtout l'eau de cette urine : comme l'abondance de cette dernière est en rapport avec la pression au niveau des glomérules, il faut admettre à ce niveau une augmentation de pression ; et comme l'examen direct de la pression sanguine générale fait voir que cette pression n'est pas exagérée, l'augmentation révélée par une transudation d'eau abondante, a une origine forcément locale, c'est-à-dire une vaso-dilatation des vaisseaux du rein, ou plus exactement des artérioles du glomérule. Le pneumogastrique possède donc chez les oiseaux comme chez les mammifères des filets vaso-constricteurs destinés au rein.

Mais l'influence du pneumogastrique, n'est pas uniquement vaso-motrice. On voit en effet se produire après sa section des variations dans le résidu sec, ce qui semblerait indiquer des troubles dans l'activité de l'épithélium glandulaire, ce dernier d'ailleurs est fortement désorganisé ainsi que le montre l'examen des coupes (pl. iii, fig. 1 b).

Une remarque importante, c'est que, ainsi que nous l'avons déjà dit en passant, on voit l'hypersécrétion urinaire consécutive à la double section des vagues, faire bientôt place à une hyposécrétion. Les faits qui permettent d'expliquer ce phénomène sont les suivants :

1° On sait que la vaso-dilatation consécutive à la section d'un vaso-constricteur, n'a généralement qu'une durée assez limitée ;

2° Si l'on prend la pression sanguine générale (carotidienne) pendant les jours qui suivent la section, on la voit baisser peu à peu ;

3° Après la double section, on voit se produire non seulement une exagération de la sécrétion urinaire, mais encore de la sécrétion biliaire, du mucus œsophagien et intestinal : bref l'animal perd une grande quantité d'eau, qui n'est pas récupérée par la boisson, comme le prouvent les chiffres relatifs à la teneur en eau du sang que nous avons cités plus haut. En présence de tous ces faits, on conçoit facilement que non seulement l'hypersécrétion ne se maintienne pas, mais encore que la quantité d'urine tombe au-dessous du taux normal.

III. — TENEUR EN ACIDE URIQUE.

Les résultats des différentes expériences sont consignés ci-après :

1° Expérience sur une poule.

TABLEAU I.

OBSERVATIONS	ANIMAL NORMAL	1 pneumogastrique coupé — Lendemain.
	grammes	grammes
Acide urique par 1/4 d'heure.	0.019	0.035
Acide urique p. 100 de résidu sec. . . .	55	50
Acide urique p. 100 d'urine.	10	8

2° Expérience sur une poule.

TABLEAU II.

OBSERVATIONS	ANIMAL NORMAL	1/2 heure après pneumo-gastr. droit coupé.	1/2 heure après 2 pneum. gastr. coupés.	LENDE-MAIN
	grammes	grammes	grammes	grammes
Acide urique par 1/2 heure.	0.028	0.025	0.020	0.022
Acide urique p. 100 de résidu sec . . .	25.7	»	»	35.7
Acide urique p. 100 d'urine	3.2	2.6	1.9	2.1

3° Expérience sur une oie.

TABLEAU III (1).

OBSERVATIONS	ANIMAL NORMAL	1/2 heure après 2 pneum. gastr. coupés.	LENDE-MAIN	JOURS APRÈS		
				2	3	4
	grammes	grammes	grammes	grammes	grammes	grammes
Acide urique par de-mi-heure.	0.099	0.0495	0.0814	0.0875	0.0601	0.0600
Acide urique p. 100 de résidu sec. . .	30	15	37	40	35	34
Acide urique p. 100 d'urine.	1.76	0.76	3.13	3.72	3.09	3

On peut voir, d'après ces tableaux, qu'avec un seul pneumogastrique coupé, l'acide urique suit les variations de la quantité
d'urine, la proportion en restant sensiblement la même dans le

(1) Voir, figure 39, le diagramme des variations de l'acide urique excrété; on a
également représenté les variations de la quantité d'urine et de l'eau de cette urine.

résidu sec et dans l'urine totale. Ce fait a son importance au point de vue de l'explication que nous proposerons des variations des déchets azotés dans l'urine après la double section.

Quand les deux vagues sont coupés, l'acide urique sécrété dans un temps donné (1), après avoir subi une baisse considérable peu de temps après l'opération (une demi-heure ou une heure après), remonte légèrement d'une façon momentanée, tout en restant au-dessous de la normale, puis va ensuite en baissant graduellement jusqu'à la mort. Si l'on se reporte aux tableaux que nous avons donnés, sur l'intensité des échanges respiratoires, on verra que la marche des variations de l'acide urique excrété suit celle des variations de l'oxygène absorbé. Cette remarque était pour nous une forte présomption pour croire que, si l'acide urique diminuait dans les derniers jours de la vie, c'est que sa production dans l'organisme diminuait également. Néanmoins, comme la diminution de l'excrétion de l'acide urique pouvait tenir aussi, par suite du mauvais état de l'épithélium des canicules du rein, à une rétention de cet acide dans l'organisme, nous avons voulu directement trancher la question par des expériences.

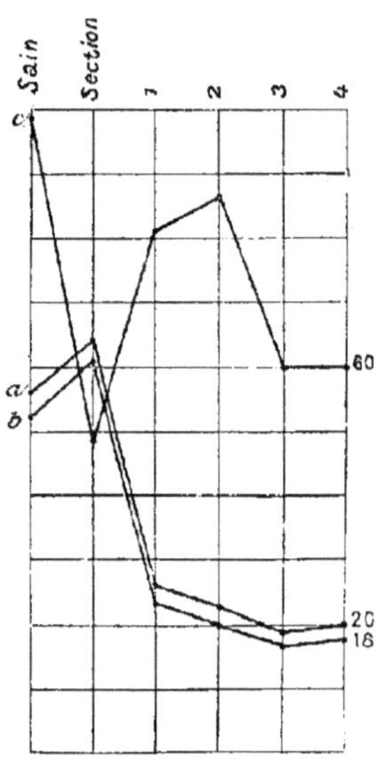

Fig. 39. — Variations de la quantité d'urine, de l'eau et de l'acide urique chez une oie après la double section des vagues.

a. Urine par 1/2 h. en décigrammes.
b. Eau
c. Acide urique par 1/2 h. en centigrammes.

(1) Si, au lieu d'examiner la quantité d'acide urique excrétée dans un temps donné, on examine celle qui est rejetée pour un volume d'urine (ou de résidu sec) donné, on voit qu'au contraire cette quantité, qui a baissé momentanément (1/2 après la double section), subit une hausse manifeste, pour diminuer d'ailleurs également plus tard ; c'est pour cela que malgré les faibles quantités d'urine excrétées, l'acide urique produit est éliminé totalement et ne s'accumule pas dans le sang.

On sait, d'après les recherches de Colasanti (16), que chez les oiseaux, l'acide urique n'est pas formé dans le rein, et y est amené simplement par le sang. Le foie serait son lieu de production (Meissner, von Schrœder). Par conséquent, dans le cas où ce serait simplement l'excrétion qui diminuerait, on devrait trouver de grandes quantités d'acide urique dans le foie et dans le sang, qui en contiennent normalement : le premier, $1/1000^e$ environ ; le deuxième, $1/10000^e$. Or, on ne trouve dans les derniers jours de la vie que des quantités très minimes, trop faibles pour être dosées, d'acide urique dans le foie et dans le sang. C'est donc bien à une diminution de la production, et non à une rétention de l'acide urique qu'il faut attribuer la baisse que l'on constate dans son excrétion.

Il nous a paru intéressant de rechercher l'influence du pneumogastrique sur les déchets azotés de l'urine, chez des animaux où l'acide urique existe en très petite quantité, et est remplacé par l'urée : nous voulons parler de mammifères herbivores comme le lapin.

Voici résumées en deux tableaux les observations se rapportant à deux de ces animaux soumis à un régime de choux et de carottes. Ces observations ont porté sur la quantité d'urine excrétée dans un temps donné, sur sa réaction, sa densité, sa teneur en urée, et enfin sur la quantité d'urée contenue dans le sang. Les dosages d'urée ont été faits par le procédé d'Yvon.

PREMIER LAPIN	QUANTITÉ d'urine PAR HEURE	RÉACTION	DENSITÉ MOYENNE	URÉE pour 2 CENT. C.	URÉE PAR HEURE	SANG URÉE pour 100
	cent. c.			grammes		
Animal normal......	13	alcaline	1.012	0.0082	0.0615	»
2 pneumogastriques coupés. 11 h. après.	8	alcaline	1.013	0.009	0.0360	227 10.000

Les résultats ayant trait à l'animal normal, correspondent à un laps de temps de soixante et une heures, et sont chacun la moyenne de six observations.

Ceux qui correspondent à ce même animal après la double section correspondent à un laps de temps de onze heures et sont seulement la moyenne de deux observations, l'animal n'ayant uriné que deux fois. Il est à remarquer que dans l'heure qui a suivi l'opération, il a été produit 40 centimètres cubes d'urine, d'une densité relativement faible (1010), et dans les dix heures suivantes, seulement 50 centimètres cubes, mais d'une densité assez forte (1017). Nous retrouvons là les faits que nous avons signalés chez les oiseaux, à savoir d'abord une hypersécrétion très aqueuse, ensuite une hyposécrétion avec baisse de la proportion d'eau.

DEUXIÈME LAPIN	QUAN-TITÉ d'urine PAR HEURE	RÉAC-TION	DEN-SITÉ MOYENNE	URÉE pour 2 CENT. C.	URÉE PAR HEURE	SANG URÉE pour 100
	cent. c.			grammes		
Animal normal......	15	alcaline	1.018	0.0095	0.0712	400 / 10.000
2 pneumogastriques coupés. 11 h. après.	8	alcaline	1.020	0.008	0.0320	300 / 10.000

Les résultats ayant trait à l'animal normal correspondent à un laps de temps de vingt-quatre heures, et sont la moyenne de deux observations ; ceux qui se rapportent au même animal après l'opération, correspondent à un laps de temps de onze heures, et sont la moyenne de trois observations. On a pu faire les mêmes remarques que sur l'animal précédent.

Pour ce qui est de l'excrétion de l'urée dans un temps donné, nous voyons, chez ces deux animaux, qu'elle diminue, cette diminution ayant également pour cause un affaiblissement dans la production, comme cela ressort de l'examen du sang.

Nous retrouvons donc chez les mammifères les mêmes phénomènes que chez les oiseaux. Il nous a paru intéressant de faire ce rapprochement, d'autant plus que jusqu'ici, on n'avait guère examiné l'influence du nerf qu'au point de vue de la quantité de l'urine (1).

Nous avons enfin recherché, si après la double section des vagues, l'urine ne renfermerait pas quelques principes nouveaux, notamment de l'albumine et de la bile.

Nous avons d'abord pensé que l'albumine existait, ayant eu un précipité par le réactif d'Esbach, mais nous avons pu nous assurer ensuite, que ce résultat était dû à la présence de la mucine très abondante dans l'urine des oiseaux. En effet, par le ferrocyanure de potassium et l'acide acétique, on n'obtient absolument rien.

L'urine sécrétée après l'opération, présenta une fois chez une oie, une coloration verte très marquée. Nous pensions y retrouver de la bile, mais les réactions de Gmelin et de Pettenkoffer des acides et pigments biliaires, n'ont donné aucun résultat.

On sait que chez les mammifères, dans des cas de névrite expérimentale des vagues, MM. Arthaud et Butte (2) ont trouvé l'urine ictérique et albumineuse. Il est vrai que le procédé des auteurs cités correspondrait plutôt à une excitation.

Quant à la présence du sucre dans l'urine, l'analyse du sucre dans le sang permet d'y conclure indirectement.

Conclusions.

1° Les nerfs pneumogastriques exercent chez les oiseaux comme chez les mammifères une action sur la sécrétion urinaire.

2° L'excitation du bout périphérique produit un ralentissement de la sécrétion, la section une exagération : cette action est en grande partie vaso-motrice.

---

(1) Depuis la présentation de ces résultats (Société Linnéenne de Lyon, octob. 1891), MM. Arthaud et Butte ont examiné cette question chez les mammifères (chien). Ils ne sont arrivés d'ailleurs à rien de bien net; ils ont pourtant fait cette remarque, que l'excitation du bout central du vague produit l'azoturie.

3° Un seul pneumogastrique agit à la fois sur les deux reins, et dans le même sens, mais l'effet est plus marqué du côté du nerf mis en jeu.

4° Après la section d'un seul pneumogastrique, les troubles sécrétoires ne sont pas durables.

5° Après la double section, on voit varier non seulement la quantité d'urine, mais encore sa teneur en eau et en acide urique.

6° La quantité d'urine qui avait d'abord augmenté, diminue quelque temps après l'opération : cette diminution étant due surtout à une proportion d'eau moindre. Ces faits s'expliquent par une baisse de la pression sanguine générale, et par une diminution de la teneur en eau du sang.

7° L'excrétion de l'acide urique suit après l'opération la courbe des échanges respiratoires : elle diminue quand ces derniers baissent. Cet affaiblissement dans l'excrétion est dû à une diminution dans la production, et non à une accumulation dans le sang.

8° On retrouve chez les mammifères après la double section des vagues, les mêmes phénomènes que chez les oiseaux : les résultats au point de vue de la teneur en eau de l'urine, et de l'excrétion des déchets azotés, sont en tous points comparables.

9° On ne trouve ni albumine, ni bile, dans l'urine des oiseaux auxquels on a sectionné les pneumogastriques : l'analyse du sang permet de conclure indirectement à la présence du sucre.

V. — Influence sur la fonction glycogénique.

On sait d'après des expériences faites la plupart sur des mammifères, qu'après la double section des pneumogastriques au cou, le glycogène disparaît rapidement du foie, et qu'on constate au moment de la mort une hypoglycémie notable. La section au-dessous du diaphragme, ne produit rien de semblable. MM. Arthaud et Butte (2) ont constaté, il est vrai, au moment de la mort l'absence du glycogène dans le foie, mais cette mort tardive est amenée par des troubles de nutrition si graves, que ces derniers suffisent à expliquer le fait. On sait enfin, d'après les recherches de Claude Bernard (6) et de Laffont (32) que l'excitation du bout central du nerf produit des phénomènes analogues à ceux du diabète. Dernièrement, MM. Arthaud et Butte (2) ont prétendu, sans l'affirmer absolument, que l'excitation du bout périphérique produit une augmentation du glucose dans le sang. Ce résultat est d'autant plus singulier, que d'après les auteurs en question, l'excitation du bout périphérique produirait une vaso-constriction dans le foie. Or, ils admettent comme nous, qu'une vaso-dilatation de cet organe est nécessaire à la production de la glycosurie.

Aucune recherche sur l'influence du pneumogastrique sur la fonction glycogénique, n'a encore été faite chez les oiseaux : l'étude que nous avons entreprise avait donc son intérêt au point de vue de la physiologie comparée ; de plus, les oiseaux, à cause de leur longue survie après l'opération, sont particulièrement favorables à ces recherches. Nous avons suivi l'évolution de la fonction, de beaucoup plus près que l'on ne l'avait fait jusqu'alors, en recherchant dans les différents jours qui suivent la section, la teneur du foie en glycogène et du sang en sucre.

Nos expériences ont porté sur des pigeons. Le glycogène du foie était dosé par pesées, le sucre du sang par la liqueur de Fehling. Pour faire ces derniers dosages, le sang mixte obtenu en coupant la tête de l'animal, était reçu dans une solution acide de sulfate de soude bouillant, comme l'a recommandé le premier Claude Bernard (7), pour éviter toute destruction du sucre. Nous avons coupé le même jour les pneumogastriques à cinq pigeons du même âge et du même poids, et nous en avons sacrifié un chaque jour en dosant le glycogène de son foie et le sucre de son sang.

Voici condensés en un tableau les résultats auxquels nous sommes arrivés :

OBSERVATION	ANIMAL NORMAL	JOURS APRÈS LA DOUBLE SECTION				
		1	2	3	4	5
	grammes	gr.	gr.	gr.	gr.	gr.
Sucre du sang pour 1000	1.500	4.800	3.800	2.511	2.468	1.392
— —	1.400	»	»	»	»	»
Glycogène du foie pour 100	23.800	15.360	9.250	5.900	3.836	3.156
— —	13.800	»	»	»	»	»

Les résultats relatifs au glycogène sont absolument classiques
(il y aurait cependant peut-être une légère hyperglycogénie le
lendemain); ce glycogène baisse de jour en jour, et au moment de
la mort le foie n'en renferme plus que des traces. Mais pour ce qui
est du sucre, on peut constater nettement, grâce à la lenteur des
processus, qu'il y a d'abord hyperglycémie, et que l'hypoglycémie
n'est qu'ultérieure. Ce résultat est absolument contraire, à l'hypothèse d'après laquelle les pneumogastriques seraient la voie centripète d'un réflexe présidant à la glycogénie normale : et pourtant
l'on sait que l'excitation du bout central produit des accidents
rappelant le diabète. Pour nous, en présence des résultats énoncés
ci-dessus, le fait n'a qu'une signification : c'est que les origines du
pneumogastrique, se trouvant dans le voisinage du centre diabé-
tique (ou vaso-dilatateur hépatique), on excite ce centre par simple
conductibilité en excitant le bout central du nerf. Ceci est d'autant
plus probable, qu'on peut produire l'hyperglycémie par l'excitation du dépresseur (Filhène) et même du sciatique (Laffont,
Schmidt). Il semble donc qu'il n'y a là rien de bien spécial au
pneumogastrique. Ajoutons d'ailleurs, que par l'excitation du bout
central de ce nerf, on produit des phénomènes asphyxiques. Ce
fait a son importance, et ne peut que corroborer l'explication que
nous allons proposer des troubles de la fonction glycogénique
consécutifs à la section des vagues. Ces troubles consistent en effet,

en une hypoglycogénie et hyperglycémie préalable, suivies seulement plus tard par une hypoglycémie. Or les phénomènes asphyxiques produisent, comme l'a montré **M.** **Dastre** (22), des résultats analogues. La double section des vagues amenant, comme nous l'avons démontré plus haut, des phénomènes asphyxiques, n'est-il pas naturel, en présence de la concordance des résultats, d'attribuer à ceux-ci les troubles produits. On comprend alors, pourquoi la section au-dessous du diaphragme chez les mammifères, ne produit pas de troubles immédiats dans la fonction qui nous occupe : dans ces conditions, les phénomènes asphyxiques ne se produisent pas. On comprend aussi pourquoi l'excitation du bout central produit des accidents diabétiques.

Cette excitation, en arrêtant la respiration, met l'animal dans un état d'asphyxie plus ou moins complète. Il existe de plus dans ces conditions, des effets vaso-moteurs dont Laffont (32) a signalé toute l'importance.

Les différents faits observés sont donc d'accord avec la nouvelle théorie, on peut encore en invoquer un certain nombre d'autres.

1° Si un animal survit peu à la double section des vagues, la deuxième série des phénomènes asphyxiques (disparition du sucre) n'aura pas le temps de se produire, et l'animal devra présenter encore du sucre en abondance dans son sang.

Or, le lapin est un animal qui ne survit généralement qu'un petit nombre d'heures : voyons ce que va nous donner un sujet dans ces conditions.

Expérience. — On dose chez un lapin normal la teneur du sang en sucre dans la carotide : on trouve 1 gr. 720 p. 1000. On coupe les deux pneumogastriques, on dose à nouveau une heure après : on trouve 3 gr. 750 p. 1000 (1). On dose encore au moment de la mort, quinze heures environ après l'opération : on trouve 2 gr. 500 p. 1000. L'animal est donc mort en état d'hyperglycémie : l'urine

---

(1) Une différence aussi considérable ne peut pas être due à la saignée préalable, d'ailleurs très peu abondante (6 grammes de sang).

recueillie au moment de la mort, réduisait d'ailleurs fortement la liqueur cupro-potassique. On a aussi examiné à ce moment le foie, au point de vue du sucre et du glycogène. Le glycogène avait baissé sensiblement, réduit à la proportion de 0 gr. 6 p. 100, mais il y avait encore 2 gr. 864 de sucre p. 100.

Des cobayes nous ont donné des résultats analogues.

Tout ceci ne fait que confirmer ce que nous avons annoncé. L'asphyxie a produit dans le foie une transformation active du glycogène en sucre; ce glycogène n'ayant pas eu le temps de s'accumuler à nouveau, a baissé rapidement dans le foie : quant au sucre versé en abondance dans le sang, l'animal n'a pas vécu assez longtemps pour qu'il ait pu se détruire.

2° Chez un animal où la section des vagues ne produit pas de phénomènes asphyxiques, il ne doit pas y avoir de troubles au moins immédiats dans la fonction glycogénique après cette opération. Or, c'est ce que l'expérience a montré également.

Les batraciens sont des animaux dont l'hématose n'est pas troublée par l'opération en question : d'abord parce que chez eux elle ne modifie en rien le rythme respiratoire, ensuite parce que, alors même que des troubles pulmonaires se produiraient, la respiration cutanée suffit à entretenir l'hématose. Or on trouve chez les grenouilles d'hiver de 5 à 7 p. 100 de glycogène dans le foie : six à sept jours après la double section, on retrouve le même chiffre. Cette expérience démontre encore un autre fait. La section des vagues est suivie, chez les oiseaux et chez les mammifères, d'une hyperhémie du foie. On pourrait attribuer directement au pneumogastrique, cette dilatation des capillaires qui accompagne toujours l'hyperglycémie. Mais on voit bien qu'elle n'est produite qu'indirectement, puisque chez la grenouille il ne se produit rien de semblable (1). On sait d'ailleurs, d'après les expériences de Vulpian, que la dilatation ne doit pas être due à une action vasomotrice suspendue, l'excitation du bout périphérique du vague ne

____

(1) Ainsi que cela résulte de la constance de la teneur du foie en glycogène, et comme le montre directement l'examen des coupes (pl. iii. fig. 4 a).

produisant aucune variation dans la circulation hépatique : mais cette démonstration nouvelle n'en a pas moins son utilité.

Pour nous, c'est donc d'une manière tout à fait indirecte, que la section des pneumogastriques agit sur la glycogénie et la glycémie. L'asphyxie détermine une vaso-dilatation dans le foie, et cette vaso-dilatation produit elle-même une abondante transformation du glycogène en sucre qui se répand en grande quantité dans le sang.

Peut-on dire maintenant que ce sont uniquement les troubles respiratoires qui agissent sur la fonction glycogénique après la double section des vagues. Ceux-ci sont évidemment prépondérants, mais ne constituent pas la cause unique : il en existe une autre, ce sont les troubles digestifs. L'animal, après la double section, se trouve dans un état de jeûne relatif (absolu même chez les oiseaux à jabot), et c'est évidemment par suite de cet état d'inanition, que le glycogène baisse si vite dans le foie. Ce glycogène ne pouvant plus se renouveler, et se transformant en sucre avec une grande activité, doit diminuer très rapidement.

C'est même uniquement sur le compte des troubles de nutrition, que nous croyons qu'il faut mettre les phénomènes observés par MM. Arthaud et Butte, dans les cas de section sous-diaphragmatique.

Mais cette cause, comme la première, est une cause indirecte; et nous dirons qu'en résumé les phénomènes d'asphyxie et d'inanition consécutifs à la double section des vagues, sont suffisants pour expliquer les troubles glycogéniques qui surviennent après cette section, sans qu'il soit nécessaire de faire du nerf pneumogastrique la voie centripète d'un réflexe.

Nous avons noté plus haut que l'hypoglycogénie apparaissait beaucoup plus tôt que l'hypoglycémie. Ceci ressort avec évidence du tableau suivant, où pour faciliter la comparaison, on a réduit à l'unité les quantités de glycogène et de sucre normales, réduisant les autres chiffres dans la même proportion (1).

____

(1) Ce tableau a été mis en diagramme.

OBSERVATION	ANIMAL NORMAL	JOURS APRÈS LA DOUBLE SECTION				
		1	2	3	4	5
Sucre du sang pour 100	1	3.20	2.53	1.66	1.60	0.96
Glycogène pour 100.............	1	1.11	0.67	0.43	0.28	0.23

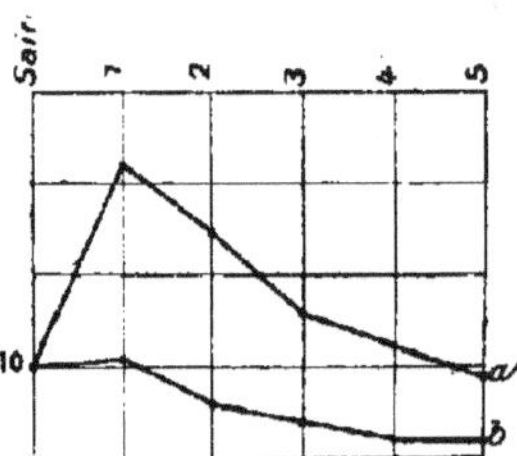

Fig. 40. — Diagramme de la variation du sucre du sang, et du glycogène du foie chez un pigeon après la double section des vagues.

a, Sucre du sang
b, Glycogène du foie } Sain = 10.

Nous avons vu quelle était la cause de l'hypoglycogénie rapide (transformation active en sucre, sans production nouvelle). Quelle est celle de l'hyperglycémie persistante? Il peut y en avoir plusieurs, que nous ne présentons d'ailleurs que comme des hypothèses.

1° L'absorption pulmonaire de l'oxygène étant diminuée, ce gaz est fourni en moins grande abondance aux tissus et à leurs principes oxydables : or, le sucre est un des plus importants de ces principes.

2° Le pancréas déverse dans le sang, comme M. Lépine (33) l'a démontré, un ferment glycolytique dont l'action est entravée par la présence de l'acide carbonique : or, après la double section des pneumogastriques, le sang se charge d'acide carbonique.

3° Tout le sucre du sang ne provient pas du glycogène : il peut provenir aussi de la graisse, comme l'a démontré Colin (17) : or, les animaux maigrissent assez rapidement après la double section. D'ailleurs, Quinquaud (40) a montré que l'on pouvait avoir une augmentation de sucre dans le sang (par la saignée, par exemple), alors que le foie ne contenait plus de glycogène.

Malgré la baisse du glycogène du foie, il pourrait donc par d'autres processus s'accumuler du sucre dans le sang.

Quoi qu'il en soit des causes, l'hyperglycémie existe, et doit avoir évidemment un retentisement sur la composition de l'urine, et produire la glycosurie. Nous avons pu le constater chez le lapin (voir plus haut) et nous en assurer indirectement chez les oiseaux. Straus (42) a indiqué dans le rein des diabétiques, des lésions caractéristiques, telles que la dégénérescence de l'épithélium des tubes droits et contournés : nous avons retrouvé ces lésions (pl. iii, fig. 1 *b; a*, rein normal) dans les reins d'oiseaux morts par la double section des pneumogastriques.

Dernièrement, MM. Arthaud et Butte (2) ont signalé des faits très intéressants au point de vue de la glycogenèse, sur les effets des névrites des vagues. Ils ont trouvé que la névrite des bouts périphériques provoquait tous les phénomènes du diabète, et on en tire des conclusions fort importantes relativement à la pathogénie de cette maladie.

Dans cette étude purement physiologique, nous nous sommes contenté d'étudier de près les résultats des sections, et nous croyons avoir expliqué suffisamment ces résultats, pour pouvoir conclure qu'à l'état normal, le pneumogastrique ne joue aucun rôle dans la glycogenèse. Rappelons d'ailleurs pour terminer que la section unilatérale ne produit aucun trouble dans cette fonction.

Conclusions.

1° Le premier effet de la double section des vagues et une disparition rapide du glycogène, avec hyperglycémie : l'hypoglycémie ne se produit que plus tard.

2° Ces phénomènes sont dus à des troubles respiratoires, qui amènent une asphyxie lente, et à des troubles nutritifs. Le mécanisme est le suivant : l'asphyxie provoque une hyperhémie dans le foie ; sous l'influence de cette vascularisation et de l'état asphyxique du sang, le glycogène se transforme activement en sucre, et, n'étant pas remplacé, diminue rapidement dans le foie.

Quant au sucre versé dans le sang, il se détruit assez lentement pour des raisons multiples.

3° La grande probabilité de ce mécanisme, se trouve démontrée par des expériences faites sur des groupes divers d'animaux.

4° En définitive, à l'état normal, le pneumogastrique ne joue aucun rôle dans la glycogenèse, et ce n'est qu'indirectement que sa double section vient troubler cette fonction.

TROISIÈME PARTIE

INFLUENCE DU PNEUMOGASTRIQUE SUR LA NUTRITION INTIME

MÉCANISME DE CETTE INFLUENCE.
CAUSES DE LA MORT APRÈS DOUBLE SECTION. CONCLUSIONS.

Nous croyons avoir suffisamment démontré par les faits rassemblés dans notre deuxième partie, que l'opinion de de Blainville, Billroth, Boddaert, qui attribuent à l'inanition seule la mort chez les oiseaux, est une opinion erronée. Il suffit au reste d'une expérience bien simple pour en démontrer la fausseté. Si l'on abandonne sans manger deux oiseaux semblables, l'un intact, l'autre auquel on a sectionné les deux pneumogastriques, le second meurt beaucoup plus vite que le premier. Mais nous ne nous sommes pas contenté de cette démonstration un peu grossière, et nous avons fait voir, qu'outre les troubles digestifs, il existait des troubles dans la fonction respiratoire, dans la fonction circulatoire, dans la fonction urinaire et dans la fonction glycogénique. C'est à ces troubles, que nous avons le premier étudiés avec détail, en ce qui concerne les échanges respiratoires et l'excrétion des déchets azotés, que nous rapportons la mort fatale qui suit la double section.

Mais encore faut-il démêler le mécanisme de ces troubles, examiner ceux qui sont primordiaux, et ceux qui ne sont que consécutifs :

En un mot, établir le déterminisme de la mort qui se produit dans ces conditions.

Pour cela, nous allons reprendre successivement l'étude des différents troubles constatés.

I. Troubles respiratoires. — Ces troubles sont de deux sortes : mécaniques et chimiques. Ont-ils chacun une importance égale, étant produits chacun à part par un mécanisme différent, ou bien les uns ne sont-ils que la conséquence des autres?

Envisageons d'abord les troubles mécaniques : il est évident que ceux-ci sont bien primordiaux, et sont la conséquence directe de la double section, personne n'a jamais songé à le contester.

En est-il de même des troubles chimiques? Le ralentissement que l'on observe dans les échanges respiratoires est-il dû à une activité moindre des tissus, ou au contraire n'est-il que la conséquence des troubles mécaniques? Nous croyons que c'est la deuxième hypothèse qui est la vraie, et nous pouvons appuyer cette hypothèse sur un certain nombre de faits.

1° Les troubles chimiques suivent pour ainsi dire la courbe des troubles mécaniques. Aussitôt après la section, quand la respiration est très gênée, les échanges respiratoires diminuent beaucoup : quand la gêne disparaît partiellement, par suite d'une reprise momentanée de la ventilation, ces échanges s'accroissent; quand enfin elle devient définitive par suite de l'embarras de la circulation pulmonaire, ils baissent définitivement.

2° Chez les animaux comme les batraciens, où la double section n'est suivie d'aucun trouble mécanique dans la respiration, il n'y a pas production de troubles chimiques.

3° Si l'on envisage les échanges pour un même volume d'air, on trouve qu'ils sont accrus après la double section des vagues, sauf dans les derniers temps où l'hématose ne se fait plus.

Nous conclurons donc que, si les échanges respiratoires se trouvent modifiés, ce n'est pas parce que les tissus sont moins aptes à absorber l'oxygène, mais simplement parce que la circulation leur en fournit moins. On a invoqué, pour expliquer la baisse de production de l'acide carbonique, la disparition du glucose ; mais cette baisse se produit bien avant que le glucose disparaisse du sang, et même à un moment où il s'y trouve en plus grande abondance.

D'ailleurs, ce qui prouve encore l'importance des troubles mécaniques, c'est que ceux-ci gênant plus l'élimination de l'acide carbonique que l'absorption de l'oxygène, cet acide est rejeté en moins grande abondance et s'accumule dans le sang. S'il y avait ralentissement de l'activité des tissus, ce phénomène ne se produirait pas, la production de l'acide carbonique suivant simplement les variations de l'absorption de l'oxygène.

II. Troubles digestifs. — Nous avons aussi constaté deux sortes de troubles, mécaniques et chimiques. Mais, là encore, seuls les troubles mécaniques sont primordiaux, et nous avons vu que si la digestion était arrêtée, c'était grâce à la paralysie de l'estomac, paralysie qui empêche l'excrétion du suc gastrique, son mélange aux aliments, et le passage de ces aliments dans l'intestin, où, s'ils pouvaient y parvenir, la digestion pourrait encore très bien s'effectuer. D'ailleurs, chez les animaux où les troubles moteurs n'ont que peu d'importance, comme les batraciens, la digestion n'est pour ainsi dire pas entravée. Nous avons introduit des mouches dans l'œsophage d'une grenouille à deux pneumogastriques coupés et elle les a rendues au bout de quelque temps, sous forme de véritables fèces. Nous avons pu constater aussi dans ces conditions des phénomènes digestifs chez les lézards.

III. Troubles circulatoires. — Parmi ces troubles, qui consistent simplement en effets vaso-moteurs et action sur la pression sanguine (1), les uns sont primordiaux, les autres consécutifs. Ceux qui sont primordiaux (vaso-dilatation du jabot, vaso-dilatation des reins et de la rate) ne semblent pas avoir une très grande importance au point de vue du mécanisme de la mort. Parmi ceux

____

(1) On a vu que chez les oiseaux il n'y avait pas de troubles cardiaques.

qui sont consécutifs (vaso-constriction de l'intestin, vaso-dilatation du foie, baisse de la pression), seuls les troubles dans la circulation hépatique ont une réelle importance (1).

Ces derniers jouent un grand rôle dans les modifications qui surviennent dans la fonction glycogénique. Pour certains auteurs, ils seraient dus à une action directe du pneumogastrique sur l'innervation vaso-motrice de l'organe, mais, pour nous, ils sont simplement la conséquence de l'asphyxie lente que nous avons constatée. Nous nous appuyons pour l'admettre sur les faits suivants :

1° On n'a jamais démontré bien nettement que le pneumogastrique ait une action directe sur les vaisseaux du foie, la plupart des auteurs nient même cette action.

2° Chez tous les animaux où existent des troubles respiratoires après la section des vagues (oiseaux, mammifères, reptiles), on constate une vaso-dilatation du foie (pl. ɪɪɪ, fig. 4 *b* et fig. 3 *b*).

3° Chez ceux où ces troubles n'existent pas (batraciens), la circulation hépatique n'est pas modifiée (pl. ɪɪɪ, fig. 4 *a*).

IV. Troubles dans la sécrétion urinaire. — Ces troubles consistent en des variations d'abondance (mécaniques) et en des variations de composition (chimiques). Pour ce qui est de l'abondance, on voit l'urine d'abord augmenter après la double section, puis diminuer. Pour ce qui est de la constitution, on voit l'acide urique baisser, remonter, puis baisser définitivement.

Seule l'augmentation préalable de la quantité d'urine peut être regardée comme un phénomène dû directement à l'action des vagues. Elle résulte en effet de la suppression des vaso-constricteurs qu'ils envoient aux reins. La baisse consécutive tient à la baisse de la pression sanguine, causée par les pertes d'eau considérables de l'organisme, ainsi que nous l'avons établi dans notre deuxième partie. Quant à l'acide urique qui est le résultat de l'oxy-

(1) Nous ferons remarquer cependant qu'une des causes de la baisse de la pression sanguine vient des grandes pertes d'eau faites par l'organisme. Ces pertes ont-elles une influence marquée sur le dépérissement de l'animal? nous ne saurions, pour le moment, l'affirmer.

dation des tissus, et il est à remarquer que la courbe de son élimination suit celle de l'absorption de l'oxygène. Les variations, qui ne sont pas toujours dans le même sens (baisse préalable, hausse momentanée, baisse définitive) prouvent bien qu'il ne s'agit pas là d'une action sur l'épithélium éliminateur (1). Il s'agit donc certainement d'un phénomène secondaire.

V. Trouble dans la glycogenèse. — Ils consistent, comme nous l'avons vu, en une baisse croissante du glycogène du foie, une hyperglycémie préalable, et une hypoglycémie consécutive. Ces phénomènes doivent-ils être attribués à une action directe du pneumogastrique, ou aux conditions particulières dans lesquelles la double section place l'animal. Nous croyons que c'est la deuxième hypothèse qu'il faut adopter, et cela pour les raisons suivantes :

1° On constate une vaso-dilatation hépatique chez tous les animaux qui offrent des troubles respiratoires ;

2° On n'en constate pas chez les autres ;

3° La marche de la glycémie est celle que l'on observe dans les asphyxies lentes.

L'asphyxie suffit à expliquer tous les phénomènes relatifs aux variations du sucre, quant à celles du glycogène, deux causes interviennent dans sa disparition du foie : d'abord l'asphyxie, qui amène sa transformation rapide, ensuite l'inanition qui l'empêche de s'accumuler à nouveau dans l'organe hépatique.

Cette deuxième cause est indirecte comme la première.

Si nous résumons les résultats de cette discussion, nous arrivons, en laissant de côté les phénomènes peu importants, à ce mécanisme de la mort, où chaque cause est engendrée par la précédente et engendre la suivante :

1° Troubles mécaniques de la respiration et de la digestion ;

2° Phénomènes d'asphyxie lente et d'inanition ;

(1) S'il en était ainsi, on verrait se produire au moment où l'excrétion baisse, une accumulation dans le sang. Or cela n'est pas; il faut donc admettre que la production diminue avec l'élimination.

3° Vaso-dilatation du foie, destruction rapide du glycogène, hyperglycémie, disparition du glycogène, hypoglycémie, diminution des phénomènes d'oxydation dans les tissus;

4° Disparition des réserves, sans nouvelles synthèses, et entraves aux phénomènes de désassimilation.

En dernière analyse, on voit que les deux grands groupes de phénomènes qui constituent la vie, phénomènes d'assimilation d'une part, phénomènes de désassimilation d'autre part, sont fortement troublés par la double section des vagues, ce qui est une cause suffisante pour amener la mort. Mais en remontant de proche en proche la série de ces troubles, on voit qu'on peut les expliquer originairement par les troubles mécaniques de la fonction respiratoire et de la fonction digestive.

Plus ces troubles seront accentués, plus la mort devra se produire rapidement si ces conclusions sont exactes. Or, examinons ce qui se passe chez les différents groupes d'animaux que nous avons étudiés.

On peut établir la série suivante relativement à la rapidité de la mort : 1° mammifères; 2° oiseaux; 3° reptiles; 4° batraciens.

Or, les mammifères ont leurs fonctions respiratoires troublées au maximum, et leurs fonctions digestives fortement altérées : on peut remarquer de plus, que la double section au-dessous du diaphragme les laisse en vie beaucoup plus longtemps, et qu'enfin ceux qui ne présentent pas de broncho-pneumonie, et offrent seulement des troubles circulatoires dans le poumon, vivent un temps bien plus long.

Les oiseaux présentent des troubles manifestes dans la fonction respiratoire, et un arrêt presque complet des fonctions digestives : mais les troubles pulmonaires sont beaucoup moins accentués chez eux que chez les mammifères, c'est pourquoi ils vivent plus longtemps bien qu'ayant une respiration plus active.

Les reptiles offrent aussi des troubles très nets dans la respiration, assez peu accentués du côté du tube digestif. Mais ces animaux résistant assez facilement et assez longtemps à l'asphyxie et à l'inanition, on conçoit que leur survie soit assez longue.

Les batraciens enfin ne montrent que des troubles peu marqués dans la digestion, et ils résistent très longtemps.

Les faits qui nous sont fournis par la physiologie comparée viennent donc corroborer notre hypothèse, et nous concluons définitivement :

Les causes de la mort par double section des vagues sont des troubles de nutrition élémentaire amenés par l'asphyxie lente et l'inanition ; la disparition du glycogène, qui est un des facteurs les plus importants de cette mort, n'a pas d'autres causes.

On sait que la première idée qui fut émise pour expliquer la mort des animaux fut l'asphyxie, mais une asphyxie brutale. On abandonna cette hypothèse pour deux raisons : la première, c'est que les mammifères ne présentent pas toujours de broncho-pneumonie ; la seconde, c'est que les oiseaux n'en présentent jamais, et n'en meurent pas moins.

On pensa alors à l'inanition, qui fut même la seule cause admise chez les oiseaux : mais cette deuxième hypothèse ne peut se soutenir, ainsi que nous l'avons fait voir.

Claude Bernard ayant remarqué que les animaux, à leur mort, ne présentaient plus que des traces de glycogène dans le foie et de sucre dans le sang, admit, comme causes de la mort, les troubles glycogéniques.

Dernièrement, enfin, MM. Arthaud et Butte ont admis également cette opinion, et l'on corroborée par des recherches, d'ailleurs postérieures aux nôtres, sur la nutrition élémentaire. Nos recherches personnelles, qui nous ont montré que la production des phénomènes asphyxiques était constante, même sans qu'il y eût de lésions considérables dans le poumon, nous ont permis de rapprocher les trois hypothèses précitées, et de montrer la part de vérité que contient chacune d'elles. Ce sont bien les troubles de la nutrition élémentaire, et particulièrement la disparition du glycogène qui amènent la mort, mais ceux-ci ont leurs sources dans les troubles mécaniques du poumon et du tube digestif, qui produisent l'asphyxie lente et l'inanition.

Sont-ce bien là les seules causes de la mort ? D'après les résultats que leur ont donné les névrites expérimentales, MM. Arthaud et Butte ont admis que le nerf vague avait une influence trophique marquée sur les organes auxquels il se distribuait. Les résultats qu'ils ont obtenus sont trop nets et trop constants, pour qu'on puisse songer un moment à les mettre en doute. Mais sont-ils dus réellement à une action trophique du nerf. Nous remarquerons, d'une part, que les sections simples ne nous ont jamais donné d'altérations organiques considérables : celles que nous avons observées (foie, rein) sont dues, comme nous l'avons démontré, à des influences indirectes, et nous n'avons jamais constaté dans le tube digestif, que des épaississements et desquamations de la muqueuse, comme Chossat en avait observé dans les cas d'inanition. Nous ferons observer aussi, que si l'on admet des fibres trophiques dans le pneumogastrique, non seulement la section des deux vagues, mais aussi celle d'un seul de ces nerfs, devrait produire au bout d'un temps plus ou moins long, sinon la mort, au moins des troubles considérables, et des altérations macroscopiques et microscopiques dans les points des organes où se distribuait le nerf coupé. Or la mort, on le sait, ne survient jamais dans ce cas; l'animal, après quelques troubles passagers dus aux troubles respiratoires et vaso-moteurs, redevient absolument normal, et on ne peut constater rien de particulier à l'autopsie.

Sans nier absolument toute influence trophique du vague, nous pensons qu'il est prématuré de rien affirmer sur ce point, et nous nous en tenons provisoirement aux conclusions posées plus haut, qui s'appuient toutes sur des faits expérimentaux, et nous paraissent n'être en contradiction avec aucun des phénomènes observés.

BIBLIOGRAPHIE

1. **Arthaud**. — Note sur les fonctions des fibres lisses péribronchiques, etc., *C. R. Soc. de Biol.*, juillet 1891.

2. **Arthaud** et **Butte**. — Du nerf pneumogastrique, 1892.

3. — Influence du pneumogastrique sur la sécrétion urinaire, *C. R. Soc. de Biol.*, mai 1888, et *Archives de physiologie*, 1890.

4. — Syndromes cliniques, etc., *C. R. Soc. de Biol.*, février 1888, et note complémentaire, etc., *C. R. Soc. de Biol.*, mai 1888.

5. **Bamberg**. — De avium nervis rostri atque linguæ, *Thèse* de Halle, 1842.

6. **Bernard** (Claude). — Leçons sur la physiologie et la pathologie du système nerveux.

7. — Leçons sur le diabète.

8. **Beaunis**. — Nouveaux éléments de physiologie humaine.

9. **Bert** (Paul). — Leçons sur la respiration, 1870.

10. **Billroth**. — De natura et causa pulmonum affectionis, etc., Berolini, 1852.

11. **Bischoff**. — Commentatio de nervi accessorii Willisii anatomia et physiologia, Darmstadt, 1832.

12. **Blainville** (de). — Dissertation inaugurale, 1808, et influence du pneumogastrique sur la respiration, *Thèse* Paris, 1808.

13. **Boddaert**. — Lésions pulmonaires dues à la section des pneumogastriques, *Journal de la physiologie*, 1862.

14. **Chauveau**. — Du pneumogastrique considéré comme agent, etc., *Journal de la physiologie*, 1862.

15. **Chauveau** et **Arloing**. — Traité d'anatomie comparée des animaux domestiques, 1889.

16. **Colasanti**. — Recherches expérimentales sur la formation de l'acide urique, *Arch. Ital. de Biol.*, 1882.

17. **Colin**. — Physiologie comparée des animaux domestiques.

18. **Couvreur**. — Recherches sur la respiration du caïman, *Mém. Soc. de Biol.*, 1888.

19. — De l'innervation vaso-motrice du poumon, *C. R. Soc. de Biol.*, décembre 1889.

20. — Influence de l'excitation du pneumogastrique sur la circulation pulmonaire de la grenouille, *C. R. Acad. des Sciences*, novembre 1889.

21. — Digestion gastrique des oiseaux, *Revue Linnéenne de Lyon*, février 1889.

22. **Dastre**. — La glycémie asphyxique, 1879.

23. — Sur quelques points relatifs à la physiologie du foie, *C. R. Soc. de Biol.*, juin 1887.

24. **Dastre** et **Morat**. — Influence du sang asphyxique sur la circulation, *Arch. de physiol.*, 1884.

25. **Einbrodt**. — Ueber den Einfluss der nervi vagi, auf die Herz bewegung bei Vögeln, *Arch. de Dubois-Reymond*, 1859.

26. **François-Franck**. — Part du spinal et du pneumogastrique dans l'innervation modératrice du cœur, *C. R. Soc. de Biol.*, février 1881.

27. — Réflexes du bout central du pneumogastrique, *Travaux du labor. de Marey*, 1878-1879.

28. **Gehuchten** (Van). — Anatomischer anzeiger. VI jahrgang, 1891, n° 1.

29. **Gréhant**. — Influence de la section des pneumogastriques, etc., *C. R. Soc. de Biol.*, mars 1882.

30. **Jobert**. — Digestion gastrique des oiseaux, *C. R. Acad. des Sciences*, 1873.

31. **Laulanié**. — Effets respiratoires des excitations centrifuges du nerf vague, *C. R. Soc. de Biol.*, février et juillet 1889.

32. **Laffont**. — Recherches expérimentales sur la glycosurie, *Journal de l'anat. et de la physiol.*, 1880.

33. **Lépine**. — Sur la présence, etc., *C. R. Acad. des Sciences*, avril 1890.

34. **Mairet** et **Bosc**. — Causes de la toxicité de l'urine normale, *C. R. Soc. de Biol.* février, 1891.

35. **Marage**. — Grand sympathique des oiseaux. *Thèse* de Paris, 1889.

36. **Masius**. — *Bulletin Académie royale de Belgique*, t. XV et XVI, 3° série. Influence du pneumogastrique sur la sécrétion urinaire.

37. **Mathieu** et **Urbain**. — Des gaz du sang, *Arch. de physiol.*, 1872.

38. **Phisalix**. — Sur le mode de vascularisation du jabot du pigeon *C. R. Soc. de Biol.*, juin 1890.

39. **Provençal**. — *Recueil périodique de la Société de Médecine de Paris*, t. XXXVII. Mémoire sur l'influence des nerfs du poumon sur la respiration.

40. **Quinquaud**. — Le glycogène et la glycémie, *C. R. Soc. de Biol.*, avril 1889.

41. **Rochas**. — Sur quelques particularités relatives aux connexions, etc., *C. R. Acad. des Sciences*, mars 1885.

42. **Straus**. — Contribution à l'étude des lésions, etc., *Arch. de physiol.*, 1885.

43. **Vulpian**. — Leçons sur l'appareil vaso-moteur.

44. **Schiff**. — Physiologie de la digestion.

Nota. — Les autres citations d'auteurs sont indiquées dans le texte.

EXPLICATION DES PLANCHES

PLANCHE I

Partie céphalique et cervicale du pneumogastrique des oiseaux.
Fig. 1 et 2. — Chez le pigeon.
Fig. 3. — Chez le canard.
Fig. 4. — Chez l'oie.
Fig. 5. — Chez le hibou.

Pn, pneumogastrique; *Sp*, spinal; *Gph*, glosso-pharygien; *H*, hypoglosse; *Ic*, première paire cervicale; *Ls*, laryngé supérieur; *Li*, laryngé inférieur; *Br. ph. œs*, branche pharyngo-œsophagienne; *Pl. Ph*, plexus pharyngien; *GV*, ganglion d'origine du vague; *GP*, ganglion pétreux; *GCs*, ganglion cervical supérieur.

PLANCHE II

Partie thoraco-abdominale du pneumogastrique des oiseaux (fig. 1-5).
Sympathique impair des crocodiliens (fig. 6 et 7).
Fig. 1 et 2. — Chez le hibou.
Fig. 3, 4, 5. — Chez le pigeon.

Pn. d, pneumosgastrique droit; *Pn. g*, pneumogastrique gauche; *G. Th*, ganglion thoracique; *Rec*, récurrent; *N S c*, nerf sympathique cardiaque; *Spl*, splanchnique; *Sd*, sympathique droit; *Sg*, sympathique gauche; *Pl. Bra*, plexus brachial; *Pl. P*, plexus pulmonaire; *Pl. Card*, plexus cardiaque; *Pl. Bro*, plexus bronchique; *Pl. Stom*, plexus stomachal; *Pl. cœl*, plexus cœliaque; *AP*, coupe de l'artère pulmonaire.

Fig. 6 et 7. — Chez le crocodile (7 schéma).

Sy. i, sympathique impaire; *Sy. c*, cordon limitrophe; *Gp*, glosso-pharyngien; *Pn*, pneumogastrique; *H*, hypoglosse; *Sp*, spinal; 1, 2, 3, 4, 5, 6, 7, sept premières paires cervicales; *Sc. d*, cordon limitrophe droit; *Sc. g*, cordon limitrophe gauche.

PLANCHE III

Fig. 1. *a*, rein normal du pigeon, tubuli contorti, 400 d.
b, coupe du rein 6 jours après la section des pneumogastriques, 400 d.

Fig. 2. *a*, glandes pepsiques normales du pigeon, 200 d.

b, glandes pepsiques 4 jours après la section des pneumogastriques, 200 d.

Fig. 3. *a*, Foie normal du pigeon, 200 d.

b, Foie du pigeon 6 jours après la section des pneumogastriques, 200 d.

Fig. 4. *a*, Foie de la grenouille 8 jours après la section des pneumogastriques, 200 d.

b, foie du lézard onze jours après la section des pneumogastriques, 200 d.

Fig. 3 et 4. — *c*, capillaires.

Paris. — Typographie Gaston Née, 1, rue Cassette. — 6424.

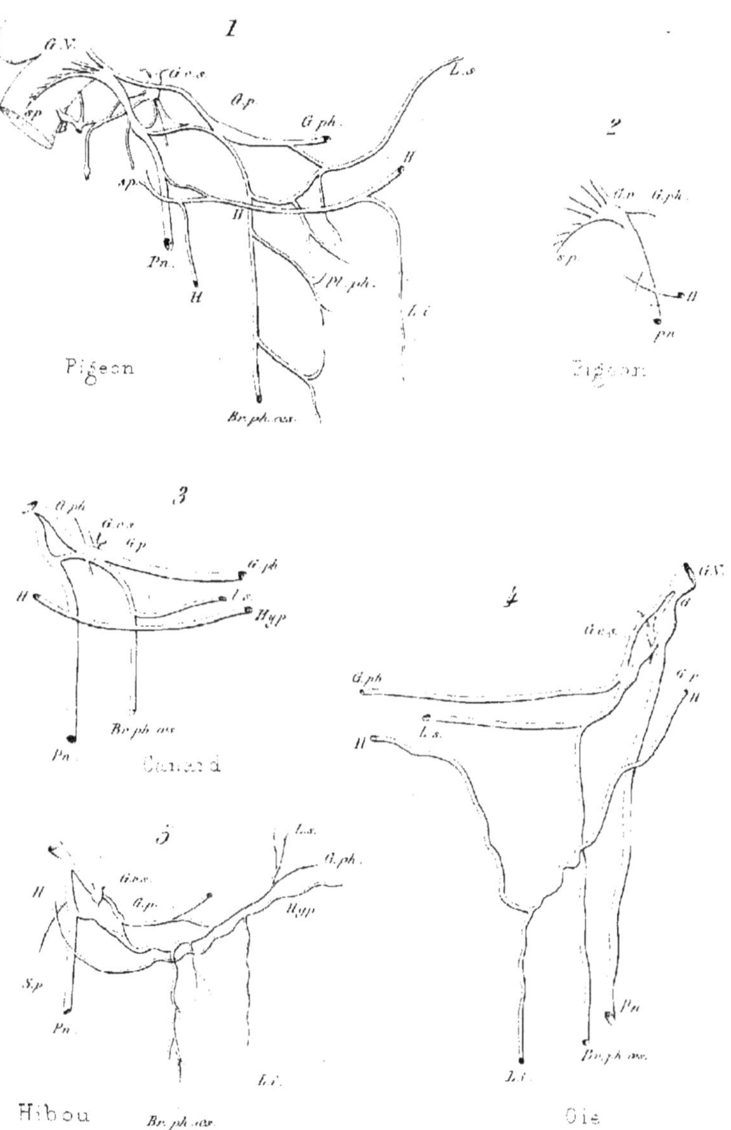

Pneumogastrique. Partie céphalique et cervicale.

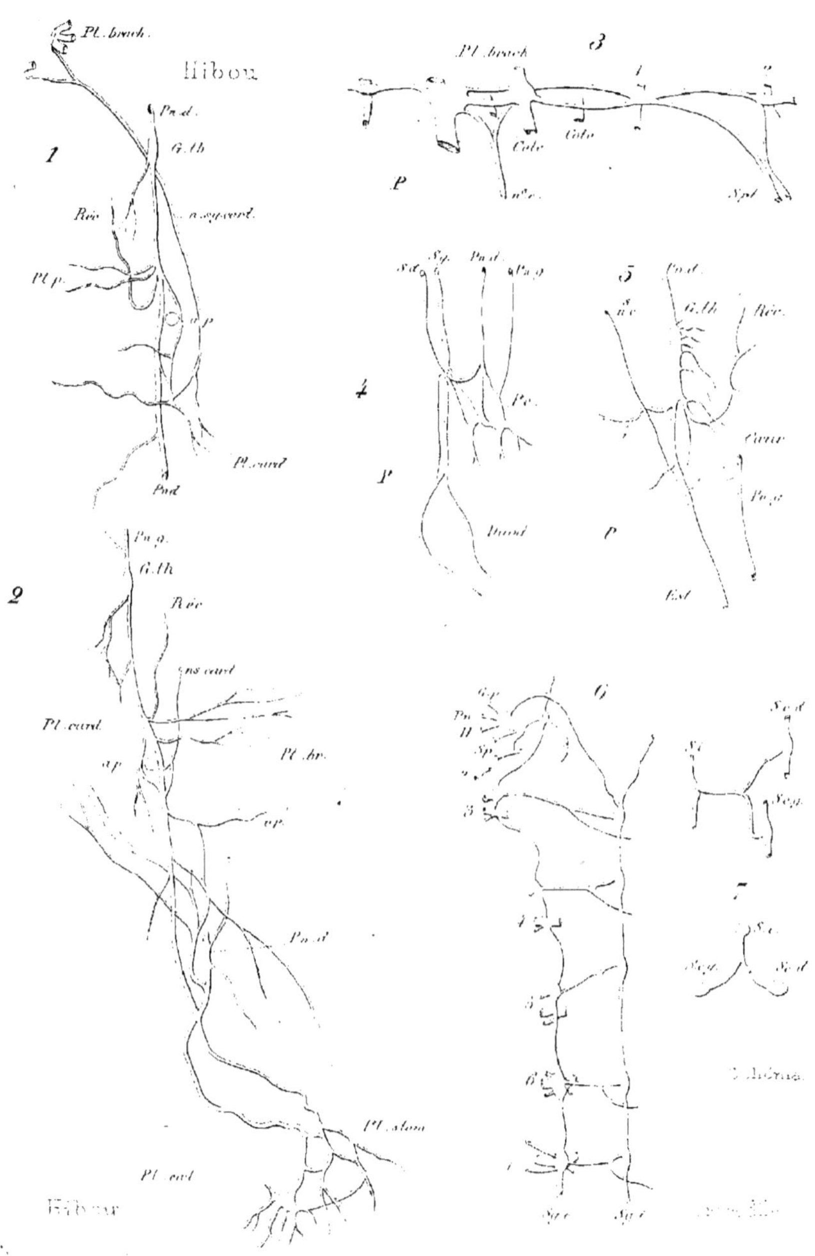

Pneumogastrique. Partie Thoraco-abdominale.
Sympathique impair des crocodiliens.

Imp. Lemercier, Paris.

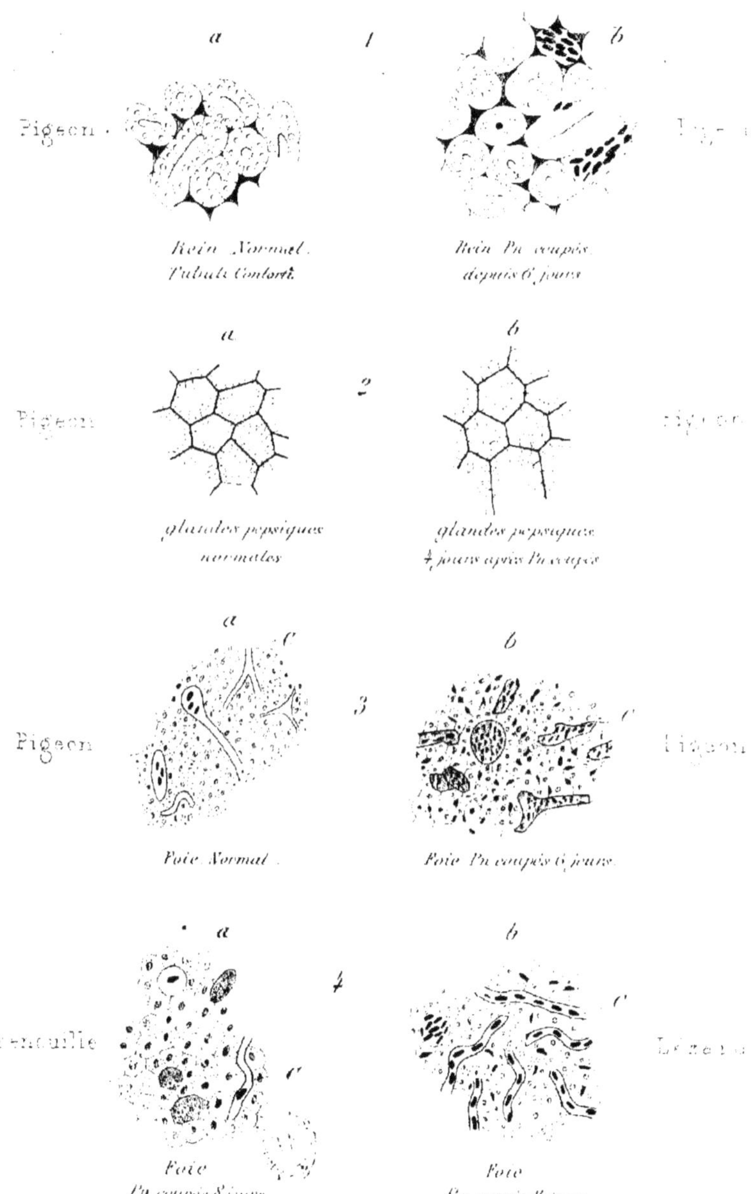
a   1   b
Pigeon
Pigeon
Rein Normal.
Tubuli Contorti.
Rein Pn coupés.
depuis 6 jours
a   2   b
Pigeon
Pigeon
glandes pepsiques
normales
glandes pepsiques
4 jours après Pn coupés
a   3   b
Pigeon
Pigeon
Foie Normal.
Foie Pn coupés 6 jours.
a   4   b
Grenouille
Grenouille
Foie
Pn coupés 8 jours.
Foie
Pn coupés 11 jours.

ANNALES DE L'UNIVERSITÉ DE LYON

SITUATION AU 31 MAI 1892

TOME I. — **La doctrine de Malherbe d'après son commentaire sur Desportes**, par Ferdinand Brunot, docteur ès lettres, ancien élève de l'Ecole normale supérieure, chargé d'un Cours complémentaire à la Faculté des Lettres, lauréat de l'Académie française. 1 vol. grand in-8 avec 5 planches hors texte. . .   10 fr.

TOME II, Fascicule 1. — **Recherches anatomiques et expérimentales sur la métamorphose des Amphibiens anoures**, par E. Bataillon, préparateur de Zoologie à la Faculté des Sciences. 1 vol. in-8 avec 6 planches hors texte. . . . . .   4 fr.

TOME II, Fascicule 2. — **Anatomie et Physiologie comparées de la Pholade dactyle.** Structure, locomotion, tact, olfaction, gustation, action dermatoptique, photogénie, avec une théorie générale des sensations, par le Dʳ Raphaël Dubois, professeur de Physiologie générale et comparée à la Faculté, avec 68 figures dans le texte et 15 planches hors texte. . . . .   18 fr.

TOME II, Fascicule 3. — **Sur le pneumogastrique des oiseaux**, par E. Couvreur, licencié ès sciences physiques, docteur ès sciences, chef des travaux de physiologie à la Faculté des sciences de Lyon. 1 vol. in-8 avec 3 planches hors texte et graphiques dans le texte. . . . .   4 fr.

TOME III, Fascicule 1. — **Sur la théorie des équations différentielles du premier ordre et du premier degré**, par Léon Autonne, Ingénieur des Ponts et Chaussées, Docteur ès Sciences mathématiques, chargé de Conférences à la Faculté des Sciences. 1 vol. in-8 . . . .   9 fr.

TOME III, Fascicule 2. — **Recherches sur l'équation personnelle dans les observations astronomiques de passages**, par F. Gonnessiat, Aide-Astronome à l'Observatoire, chargé d'un Cours complémentaire d'Astronomie à la Faculté des Sciences. 5 fr.

TOME IV. — **Lettres intimes du cardinal Albéroni au comte J. Rocca**, ministre du duc de Parme (1703-1742), publiées pour la première fois d'après le manuscrit de Plaisance, par Emile Bourgeois, professeur à la Faculté des Lettres.

TOME V. — **Le Fondateur de Lyon, Histoire de L. Munatius Plancus**, par M. Jullien, professeur-adjoint à la Faculté des Lettres. 1 vol. in-8 avec 1 planche hors texte. . . . . .   5 fr.
Quelques exemplaires sur hollande. . . . .   8 fr.

Paris. — Typographie Gaston Náz, 1, rue Cassette. — 6379.